留学生本科必修课系列教材

第二版

Jump High

A Systematic Chinese Course

会话课本

Conversation
TEXTBOOK

U0782561

贾放 编著

北京语言大学出版社
BEIJING LANGUAGE AND CULTURE
UNIVERSITY PRESS

图书在版编目（CIP）数据

汉语·纵横会话课本.6 / 贾放编著.－2版－
－北京：北京语言大学出版社，2012.8
留学生本科必修课系列教材
ISBN 978-7-5619-3345-9

Ⅰ.①汉…　Ⅱ.①贾…　Ⅲ.①汉语－口语－
对外汉语教学－教材　Ⅳ.①H195.4

中国版本图书馆CIP数据核字(2012)第189924号

书　　　名：	汉语·纵横　会话课本6
插图绘制：	刘　谱
责任印制：	汪学发

出版发行：**北京语言大学出版社**

社　　址：北京市海淀区学院路15号　　邮政编码：100083

网　　址：www.blcup.com

电　　话：发行部　010-82303650 / 3591 / 3648
　　　　　编辑部　010-82303647 / 3592 / 3395
　　　　　读者服务部　010-82303653 / 3908
　　　　　网上订购电话　010-82303668
　　　　　客户服务信箱　service@blcup.net

印　　刷：北京中科印刷有限公司

经　　销：全国新华书店

版　　次：2012年8月第2版　　2012年8月第1次印刷

开　　本：889毫米×1194毫米　1/16　印张：13

字　　数：216千字

书　　号：ISBN 978-7-5619-3345-9 / H · 12138

定　　价：55.00元

凡有印装质量问题，本社负责调换。电话：010-82303590

《汉语·纵横》是《外国学生汉语言专业本科系列教材》（中国社会科学出版社，2004年）的修订版，包括汉语精读、汉语会话、汉语听力、汉语写作、外汉翻译五大纵向技能，从预科到三年级下册七大横向层次，纵横匹配的留学生本科必修课系列教材，共计38册。

此次修订，主要体现在以下几方面。

一　补齐初版空缺的部分教材

目前国内设置的留学生本科学制一般为四年。四年级大多开设专业课、撰写毕业论文，汉语技能训练课一般安排在从预科到三年级下学期共计7个学期内学习。此次修订我们补齐了三年级下册的精读课本、三年级上下册的会话课本、汉语写作（上、下）以及英汉、日汉、韩汉翻译教程。这样本套教材在横向的七个层次、纵向的听说读写译五大技能的匹配上更为完善。

二　课本与练习各自独立成册

本系列教材练习题型多样，题量丰富，此次修订仍保留了这一特点。为便于学习和使用，将课本与相应练习各自独立成册。

三　词语表增加了词语在《汉语国际教育用音节汉字词汇等级划分》中所属等级

初版教材每册课本"词语总表"标注了每个词语在《高等学校外国留学生汉语言专业教学大纲》、《汉语水平词汇与汉字等级大纲》中所属等级，此次修订增加了词语在2010年10月颁布的《汉语国际教育用音节汉字词汇等级划分》中所属等级，方便使用者参考。

四　预科和一年级上册课本增加了英语注释

国内对外汉语教学模式一般都将汉语基础语法项目和语言点安排在初级阶段学习，而此时正是学习者汉语水平最低的阶段，讲解语法点和语言点会遇到一些专业术语，将增加学习负担。此次修订，我们采纳了使用者的意见，增加了预科、一年级上册两个等级各类教材的英语注释。

五　每册课本前增加了"使用说明"

每册课本前增加的"使用说明"，详细说明了本册课本的适用对象、课时安排、讲解重点以及注意事项。

六　版式设计更精美

北京语言大学出版社以出版对外汉语教材而享誉全球，此次修订在版式设计上更美观，图片精美，排版疏朗大方，更适合学习使用。

初版教材自出版以来受到广大使用者的普遍好评，2008 年获得北京师范大学本科教育优秀奖。现在《汉语·纵横》出版在即，我们全体编写者衷心感谢几年来教材使用者向我们提供的宝贵修改意见；衷心感谢北京师范大学汉语文化学院对本教材修订给予的支持和资助；衷心感谢北京语言大学出版社为编辑、出版第二版付出的大量认真辛苦的工作。

原编写委员会主任之一陈绂教授已退休多年，此次修订出版工作由马燕华全面负责。在此，本人衷心感谢全体编写人员对我的充分信任和大力支持。

《汉语·纵横》编写委员会主任　　马燕华

一 适用对象

本教材适用于已经完成汉语本科三年级上学期或同等学时学习、掌握了 3000 个汉语词的外国学生。

二 课时安排

本教材适用于每周 4 课时、共 18 周的会话课教学。全书共 12 课，每课建议用 6 课时完成。一般第 1、2 课时可用于热身训练、词语讲练和课文导读，提示学生关注本课"交际任务"；第 3、4 课时进行课文内容复述以及就本课话题进行讨论，并检查课后练习完成情况，进行词语、语段的熟巧性训练，最后布置"交际任务"，每课均有几种类型的任务供学生选择，布置时具体指导落实完成计划；第 5、6 课时由学生分类汇报"交际任务"完成情况，教师点评、总结、深化、拓展教学内容。使用时各部分内容可根据实际情况作适当调整。本教材与本系列教材中的《精读课本 6》配套使用，力图体现精读课中新词语的复现和话题的呼应。

三 教材特点与教学建议

本教材语言点的选用主要参照国家汉办《高等学校外国留学生汉语言专业教学大纲》（2002）（以下简称《大纲》）中三年级的词语和语法范围。

根据国家汉办《大纲》规定，汉语言专业三年级学生口头表达训练的目标为"具有组织语言材料、较为流利得体地大段表达思想的能力；……经过准备，能够就有关话题完整地陈述自己的观点或与人进行交际，……能够根据交际场合和对象特点选择适宜的表达方式；具有一定的语言应变能力"。

为了达到这一目标，我们在教材的整体设计上强化了语体、修辞及汉语口头表达特殊问题等方面的训练内容，意在提高学习者汉语口头表达的准确性、得体性、丰富性和生动性。

本教材选择的 12 个话题，既有社会热点，如网购、微博，也有以往谈论较少、略带一点儿专业性的话题，如收藏、摄影，以及对人生基本问题的讨论，目的是希望通过增强话题的知识性和思考深度，来拓展学习者的表达范围，从而提高表达水平。

因为话题贴近当今社会生活，力图再现普通百姓真实的语言交际，并涉及某些专业领域，故有一定数量的超纲词。从满足学生真实交际需要的角度考虑，我们对超纲词采取了较为宽容的态度。

为了方便使用，我们在每段课文之后用"回答问题"的方式，提示本段的内容重点和重要语言点，以便引导学生作适当的自由发挥。

每课的"表达提示"部分，是本课的训练要点。内容主要为简要介绍相关语言知识、提示其表达功能，并结合本课例子分析表达效果，希望以此引导学习者在理解的基础上掌握要领，进而指导实践。

在编写过程中，我们吸取了任务型教学的"做中学"、"用中学"的教学理念，设计了与每一课话题内容相关的"交际任务"，要求学习者将课内学习与课外大环境利用结合起来，使目的语环境教学的优势得到充分发挥。使用时可充分鼓励学生利用完成"交际任务"的机会，多与目的语环境接触，提高实际交际能力。我们通过数年的实践证明，这种教学方法行之有效，深受学习者的欢迎。

每课的"练习"部分均有针对本课训练要点设计的练习题。"词语练习"中的"词语归类"目的在于形成关于某个话题的语义场，"词语辨析"则着眼于提高理解和使用的准确性，"根据解释说出对应的词语"突出了"说"作为语言输出活动的特点。"成段表达"和"自由表达"，既是形式上的语段、语篇训练，也是对话题内容的拓展。"相关阅读"不仅为话题提供了补充材料，同时着重于词语和语言点的复现，可供学习者为讨论作准备时参考使用。

单元测试一、二可供期中、期末复习和考试参考。其中"话题讲述"着重于测试学习者长篇完整表达能力，"回答问题"着重于测试应对能力，并兼顾测试内容的全面性。

四　特别说明

因融入任务型教学理念，会话课本5、6册部分练习与课文紧密结合，故将此两册的课本与练习册合并，不再各自独立成册。

编者　贾放

目 录 Contents

网购时代

话题背景

电子商务给千家万户带来了从前难以想象的生活便利，不同年龄、不同身份的消费者对此有相同的感受，也有各自独特的看法，他们的声音让我们看到了当今时代的一个生动侧面。

专家观点：中国的电子商务起步较晚，但发展迅速，几年之间已经初具规模，尤其是在零售业，呈直线上升之势。一家著名品牌的成衣网络直营店，去年创下了月入1000万元的销售业绩。事实证明，在线购买商机无限。

越来越多的人已经离不开来自网购的生活服务。不少消费者表示，目前具有程度不同的"网购依赖症"，即使不购物，也会"在网上逛逛"。根据调查，2009年，中国共有1.3亿网民在互联网上购物，总计消费2679亿元，约合2008年统计数字的一倍。与实体店相比，网购具有较高的针对性和便捷性，操作简易，价格优惠，足不出户的"一站式购物"使人们节约了不少"生活成本"，这些特点吸引

了不同年龄的消费者。

今天，"网购族"已经不是什么新鲜的说法，而且，在网购族看来，真正的网购时代还没有来临，他们期待着更多、更便捷的网络生活服务。

回答问题

1. 中国的电子商务发展有什么特点？
2. 消费者对网购的依赖达到了怎样的程度？
3. 与实体店购物相比，网购具有哪些特点？

商家声音：说起网上购物的好处，那多了去了。同样的货，价格比实体店便宜一大截儿，更甭说方便了——一键下单，快递就给您送上门了，这不免了您走路的辛苦、堵车的闹心吗？至于付款，您愿意在网上支付就网上支付，愿意一手交钱，一手交货，就选货到付款。现在竞争激烈，商家都得变着法儿让顾客满意，什么超低折扣啦，免费送货啦，七天无条件退货啦，就是让您买得放心，买得舒心。有了这些明摆着的好处，网购想不火都不行。

不过，这里也要给您提个醒儿：目前网站太多，良莠不齐，您还需要加点儿小心。一是不要轻信超低价格的折扣，价格低得离谱儿，就可能有诈。二是要注意网站和相关商家的知名度、口碑和服务能力，网站排行榜和口碑评价还是能说明网站的信誉的。三是不要盲目跟风下单。因为一些团购网站为了显得自己有人气，会制造虚假交易数据。

回答问题

1. 商家怎么介绍网购的好处？

2. 为了让顾客满意，商家都提供了哪些服务？

3. 商家对顾客有哪些提醒？

网购族自述：

郑女士，全职家庭主妇，网购年数：2年。

网购的优势首先是信息量巨大。以前我是靠电视广告和《精品购物指南》，靠两条腿扫购物中心了解眼下流行什么。现在呢，有了这么多网购平台，大门不出，二门不迈，动一动手指头，你看上的那件东西，不管是国外的还是国内的，几天就能到手，价格还比商场不知道便宜多少，多神奇呀！

网购不仅让我节约了不少银子，也省得为了货比三家花费大量宝贵的时间。另外，一些比较沉重的东西可以直接送上门，超级方便，不用像以前那样，大包小包地往家里搬。

回答问题

1. 郑女士以前购物用什么方式？

2. 她怎么描写网购？

3. 她认为网购有哪些好处？

孟先生，杂志编辑，宅男，网购年数：5年。

我第一次网购是买一部手机，当时懒得去市场上看来看去，正好有个做IT的发小儿，跟我说不如试试网购，我就在淘宝网上注册了。商家要求先付款后发货，几天之后宅急送把手机送来了，货真价实，感觉不错。

网购最大的好处就是不用出门。工作的事儿本来就够人忙活的了，再说我又喜欢宅在家里。现在每天浏览网站已经成了习惯，当然，开销也加大了。有了网购，像我这样的宅男基本上都不在外面买东西了。

┌─ **回答问题** ─────────────────────────┐
1. 孟先生第一次网购有什么样的经历和体验？
2. 他认为网购最大的好处和缺点是什么？
3. 孟先生怎么描写自己的生活习惯？
└────────────────────────────────────┘

王小姐，公司白领，网购年数：6年。

我这个人喜欢时尚的东西，看到周围的人开始在网上买东西，就觉得不去尝试一下不是显得太落伍了吗？正好有个小学同学在网上开了一家店铺，也算是捧场吧，就去买了点儿小东西。从此一发而不可收拾。今年流行连衣裙，一打开网页，什么复古风、波希米亚风……真让人眼花缭乱，我已经看中了一件，相信穿上一定会"潮流指数瞬间飙升"。

┌─ **回答问题** ─────────────────────────┐
1. 王小姐为什么选择网购？
2. 她第一次是去哪里买东西？为什么？
3. 王小姐现在打算网购什么？
└────────────────────────────────────┘

金老师，大学教师，网购年数：2年。

我的网购历史不长，主要是买书。我特别喜欢网站的荐书方式，你买一本某个方面的书，立刻会出现一大串相关内容的书目，比逛书

店一本一本地找快多了。再说书这玩意儿特别沉，买得多了，往家拿的时候就很发愁。现在好了，头天晚上下单，快的话第二天上午快递就能给送上门。另外，买书还有积分和礼品券，加上本身折扣就比书店低，无论是算时间账还是经济账，都很有吸引力。我现在已经是金卡会员了。

不过，话说回来，逛书店有逛书店的乐趣。上大学的时候，有空儿就泡在书店里，在一排排的书架旁边，捧着本喜欢的书席地而坐，一看就是几个小时，那种享受，回想起来也挺难忘的。

回答问题

1. 网上购书最吸引金老师的有哪些方面？

2. 逛书店有哪些乐趣？

刘大妈，退休职工，网购年数：1年。

现在的小年轻都时兴网购，我那外孙女就特别喜欢去网站逛，还劝我们老两口也去那里买东西。有一次，她教我们网购了两桶食用油，价格便宜，而且不用大老远拎回来，还真是方便！这让我们对网购挺有好感，特别是老伴儿，说以前买东西大包小包老是要他拿着，现在去网购就省事儿了。不过，后来才知道网购压根儿就不是件省心的事儿。前阵子外孙女过生日，我们想送她个MP3，就让她选好型号以后在网上买了一个，谁知道买了个假货。钱已经打过去了，只能自认倒霉。后来又去商场买了一个，虽然贵点儿，但总算是买到了正品。网络这东西，有时候真是不太靠谱儿。从此以后，我们下定决心不再网购了，老人家经不起那个折腾。

回答问题

1. 刘大妈怎么开始网购的？

2. 什么事儿让她和老伴儿对网购有好感？

3. 为什么她现在下定决心不再网购了？

词语表 Vocabulary

1.	足不出户	zú bù chū hù		脚不跨出家门，形容不与外界接触。
				网络时代，～也能知道天下事。
2.	下单	xiàdān	动	指顾客向卖家提交订单。
				～订购
3.	良莠不齐	liáng yǒu bù qí		品质不一，好坏都有。
				电脑质量～/员工素质～
4.	离谱儿	lí pǔr	形	指说话、做事儿离开了公认的准则。
				这件事儿做得也太～了吧？
5.	口碑	kǒubēi	名	指人们口头的评价。
				～不错/有～
6.	跟风	gēnfēng	动	盲目跟随潮流，缺少主见。
				喜欢～/～购买
7.	货比三家	huò bǐ sān jiā		买东西时多去几家店，指多选择、比较。
				～，找性价比最高的。
8.	货真价实	huò zhēn jià shí		货物是正品，价钱也公道。
				～，老少无欺。
9.	宅	zhái	动	待在家里，除非必要不出门。
				～在家里/～了一天

10.	落伍	luò wǔ	离	比喻人或事物落在时代的后面。
				思想~/样式~
11.	捧场	pěng chǎng	离	原指去剧场观赏演出，以抬高演员身价。今多指为别人活动吹嘘。
				去~/给朋友~
12.	飙升	biāoshēng	动	急剧上升。
				价格~/体重~
13.	泡	pào	动	长时间地待在某处以消磨时间。
				~吧/~图书馆
14.	席地而坐	xí dì ér zuò		泛指坐在地上。
				没有椅子，大家~吧。
15.	时兴	shíxīng	动	一时流行。
				现在很~这种衣服。
16.	拎	līn	动	用手提物。
				~起来/~包
17.	压根儿	yàgēnr	副	根本；从来（多用于否定句）。
				~不同意/~没见过
18.	省心	shěng xīn	离	少费神；少操心。
				这孩子真让人~。
19.	靠谱儿	kào pǔr	形	指说话、做事可靠，值得相信。
				这事儿~/他说话不~，别信。
20.	折腾	zhēteng	动	翻来覆去，折磨。
				瞎~/~人

专有名词 Proper Noun

| 宅急送 | Zháijísòng | | | 物流公司名称。 |

注 释 Notes

1 足不出户的"**一站式购物**"使人们节约了不少"生活成本"，这些特点吸引了不同年龄的消费者

一站式购物：指的是所需要的各种东西在一家商场就可以全部买到的购物方式，英文为 one stop shopping。

2 说起网上购物的好处，那**多了去了**

多了去了：口语，强调数量、种类多。"~了去了"还可以替换成其他形容词，如说"大了去了"、"远了去了"等。例如：

① 他家的房子，大了去了。

② 那个地方，远了去了。

3 这不免了您走路的辛苦、堵车的**闹心**吗？

闹心：口语，形容窝火，烦恼，让人心情不好。例如：

① 一大早就碰上好几件闹心的事儿，真倒霉！

② 提起找工作，我就觉得闹心。

4 现在竞争激烈，商家都得**变着法儿**让顾客满意

变着法儿：口语，指变换方法。例如：

① 厨师每天变着法儿给我们做好吃的。

② 奶奶觉得寂寞的时候，我们变着法儿逗她开心。

5 有了这么多网购平台，**大门不出，二门不迈**，动一动手指头，你看上的那件东西，不管是国外的还是国内的，几天就能到手

大门不出，二门不迈：口语，指待在家里不出门。例如：

① 过去妇女不工作，可以大门不出，二门不迈。

② 这个假期我大门不出，二门不迈，在家当宅女。

6 正好有个做IT的<u>发小儿</u>，跟我说不如试试网购，我就在淘宝网上注册了

发小儿：口语，儿时的伙伴和好友。例如：

① 我们俩是发小儿，上幼儿园的时候就在一个班里。

② 没想到在海外能碰到发小儿！

表达提示 **Expression tip**

语体及其表达功能

　　人们在进行社会交往时，逐渐形成了不同的交际领域。根据交往者各自的身份以及交谈场合、所谈话题等因素，语言表达形式具有了类型化的特点，于是就形成了相对稳定、具有不同功能和色彩的多种语体。能否根据交际需要选用恰当的语体，是表达得体的关键之一，也是人们评价表达者文化修养、语言修养的重要标准。

　　语体特征主要体现在词语、句式和修辞手法等要素的选用上。

　　关于语体类别，有多种划分方法，最常见的是根据构成要素将其简单分为口语体和书面语体两大类，同一话题，使用口语体还是书面语体，取决于说话者的身份、文化水平、说话场合等因素。

　　本课"专家观点"部分所使用的语体比较正式，比较书面化，语气庄重，具有权威性；"商家声音"和"网购族自述"部分使用的语体比较随意，比较口语化，生动鲜活，贴近普通人。学习时请注意这两种语体在词语、句式等方面的差异及其表达功能、效果。

交际任务 Tasks

一 采访与报告：网购故事

采访对象：1~2个中国朋友，年龄、性别、职业不限。

采访内容：请他/她讲一个自己网购的故事或对这种购物新形式的看法。

采访要求：1. 尽量使用本课新学词语提问；

2. 作好记录，然后在上课时报告。

二 介绍与推荐：这家网站不错

请有网购经历的同学介绍一家自己常去的购物网站，介绍其吸引人之处和不足之处。

三 寻找与比较：货比三家

搜集某种热门商品在各家网站与实体店的销售信息，进行价格、质量、服务等方面的比较。

课文理解

一 简要概括本课的话题

二 归纳各方观点对网购优势的评价

三 找出提到去实体店购物好处的段落

词语练习

一 词语归类：找出与购物有关的词语

二 根据解释说出对应的词语

1. 待在家里不出门——

2. 买东西要多去几家店作比较——

3. 东西是正品，价格也公道——

4. 说话、办事可靠，值得相信——

5. 翻来覆去，折磨——

6. 儿时的伙伴和好友——

7. 人们口头的评价——

8. 指说话、做事儿离开了公认的准则——

9. 品质不一，好坏都有——

10. 坐在地上——

三 找出课文中意思相同的书面语与口语，填写下表

书面语	口语
1. 足不出户	大门不出，二门不迈
2.	时兴
3.	沉
4.	多了去了
5.	甭
6.	一大截儿
7.	玩意儿
8.	前阵子

四 比较"专家观点"、"商家声音"和"网购族自述"使用词语的特点

成段表达

一 模仿例句，完成句子

1. 价格比商场不知道便宜多少。

（1）飞机比火车不知道……。

（2）在国外生活比在国内不知道……。

（3）……比……不知道……。

2. 我懒得去市场看来看去。

    （1）顾客懒得跑远路……。

    （2）大家懒得在这个问题上……。

    （3）……懒得……。

3. 话说回来，逛书店有逛书店的乐趣。

    （1）话说回来，不上大学……。

    （2）话说回来，买名牌……。

    （3）话说回来，……。

4. 网购压根儿就不是件省心的事儿。

    （1）宅男压根儿就不/没……。

    （2）商家压根儿就不/没……。

    （3）……压根儿就不/没……。

二　**试用口语体来讲述"专家观点"中的下列内容**

  1. 中国的电子商务起步较晚，但发展迅速，几年之间已经初具规模，尤其是在零售业，呈直线上升之势。

  2. 与实体店相比，网购具有较高的针对性和便捷性，操作简易，价格优惠，足不出户的"一站式购物"使人们节约了不少"生活成本"，这些特点吸引了不同年龄的消费者。

三　**串词成篇：用所给第一个词语作为话题，尽量使用所提供的其他词语编一个小故事**

  1. 足不出户　　靠谱儿　　时兴　　折腾

  2. 货比三家　　口碑　　便捷　　离谱儿

  3. 自认倒霉　　懒得　　落伍　　省心

自由表达

一 各抒己见：购物的享受（可参考"词语练习"部分的"词语归类"）

二 小品表演：试试网购吧

人物：

小李——热衷于网购的宅男。

老李——没有网购经历、也不想尝试的退休老人。

要求：

扮演小李者，可充分使用本课关于网络购物好处的内容和相关词语，说服老李尝试网购。

扮演老李者，可充分使用本课关于网购存在问题的内容和相关词语，拒绝尝试。

建议：

可尽量使用"词语学习"第三题中的口语词语。

相关阅读

你团购了吗？

团购就是团体购物，指的是认识的或者不认识的消费者联合起来，来加大与商家的谈判能力，以求得最优价格的一种购物方式。根据薄利多销、量大价优的原理，商家可以给出低于零售价格的团购折扣和单独购买得不到的优质服务。团购作为一种新兴的电子商务模式，通过消费者自行组团、专业团购网站、商家组织团购等形式，提升用户与商家的议价能力，并极大程度地获得商品让利，引起消费者及业内厂商、甚至是资本市场关注。

网络团购在国际上通称为B2T（Business to Team）。最早起源于美国的 Groupon，其最大的特点就是利用团购减少人均消费支出，使参与团购的网民获得更大的优惠。该网站在不到两年的时间内，估值飙升到13.5亿美元。随着中国电子商务的繁荣发展，近两年，网络团购也在中国网民中流行起来。始发于北京、上海、深圳等城市，目前已经迅速在中国各大城市普及，成为众多消费者追求的一种现代、时尚的购物方式，被称为"一场互联网引发的消费革命"。

适合人群

1.买东西不会选择、总是留下遗憾的朋友；

2.担心个体消费在售后得不到应有保障的朋友；

3.担心购买到假冒伪劣产品的朋友；

4. 准备、马上或已经开始装修的工薪阶层，钱少的朋友；

5. 不了解市场价格，不懂得选材，或不喜欢逛市场的朋友；

6. 不大会砍价、不喜欢砍价、不屑于砍价的朋友；

7. 对自己和亲人的健康有强烈责任心，必须购买符合环保标准产品的朋友；

8. 在校大学生，经济实力不强，想买质优价廉而且有服务保障的商品。

团购知识

1. 搜索商家口碑

团友们下单前可在大众点评网等网站上对商家的口碑和服务作一些调查，看看网友如何评价。还可以打电话给商家咨询其接待量等。

2. 选择有知名度的团购网站

团购网站良莠不齐，网站卷款潜逃、甚至团购商家关门的事件已有发生。建议选择有知名度、诚信度的团购网站，售后服务更有保证。

3. 看清团购信息

下单前仔细阅读消费规则，确认几个重要信息：有效期、营业时间、限用人数、是否有其他使用限制或附加消费。

4. 邀请好友购买

邀请好友首次购买，获10元返利，这已经是各大团购网站的标配。看到划算的团购信息，不妨发给好友，或是发到自己熟悉的论坛里，不仅分享了信息，还能降低团购成本。

5. 避免首周扎堆消费

团购之前一定要看清楚团购的人数，做到心中有数，一般人数超过3000的就意味着是个热门团购，错开头一周的扎堆消费，可以获得更好的体验。

6. 带上团购网投诉电话备用

大部分团购网站都提供客服电话，网友消费遇到问题可以随时拨打，请团购网站来帮忙协调解决。

说一说：1. 团购为什么会这么流行？

2. "团购知识"中哪一条最有用？为什么？

收藏家说收藏

课 文　Text

话题背景

　　收藏是一种爱好，更是一种文化。不同的人对收藏有不同的期望：有的人指望它发财，有的人借它陶冶性情，探究历史。让我们听听一位著名的收藏家怎么说。

引子

　　马先生是个传奇人物。他写小说，二十几岁就出了名；写电视剧，据说曾经赚了几百万，名利双收；他玩儿收藏，几十年下来不仅成了公认的收藏大家，而且建成了中国第一家私立博物馆，在电视节目中讲收藏文化，立刻火得一塌糊涂……

　　采访马先生是件不容易的事儿，因为他太忙了，你得见缝插针，还得有点儿耐力，仨俩星期你根本见不到他的人影儿，你得跟他打持久战。不过，听他说自己的收藏故事、人生感悟，就像听相声段子，妙不可言。

回答问题

1. 为什么说马先生是个传奇人物？

2. 为什么说采访马先生不容易？

3. 记者怎么描写听马先生说话的感受？

下面就是对他的采访片断。

一、收藏经历

记　者：您的收藏经历好像开始得特别早？

马先生：对。在我当编辑的时候就开始了。那时出差的机会特别多，约稿什么的，走到哪儿看见有什么好东西就买。只是外人不知道。

记　者：您当时怎么就有了买文物这样的意识呢？

马先生：我这个人喜欢琢磨，看到一样东西就会想："为什么是这样？"比如杯子，它是什么时候开始有把儿的？

记　者：我从来没想过这类问题。

马先生：可我会想。而这样的问题只有文物可以给你解释。而且，文物还可以真实地再现历史。

记　者：读史书也可以帮助我们了解历史。

马先生：那是文献史观。我讲究的是证据史观。我觉得文献有百分之二十的真实度就不错了。咱还别说几千年前的事儿根本就记不清楚，就说今天的事儿，你写出来的都是真实的吗？

记　者：您这个观点够大胆的。

马先生：我小时候对书有极深的感情，认为书里的事儿都是真的，后来我发现书里有很多假话，就特别地深恶痛绝。

就好像你跟一个女的结了婚，后来发现她背叛你，你就觉得特可气。

记　者：史学家认同您的观点吗？

马先生：我没跟任何人交过锋。我经常有一些与众不同的、叛逆的想法，正是这些想法推动了我想用证据说话。文物使我对某些事情有了自己的认识，于是就逐渐喜欢上了收藏。

回答问题

1. 马先生为什么会喜欢上收藏？
2. 马先生的历史观与一般史学家的历史观有什么不同？
3. 马先生对书的看法有什么变化？
4. 马先生跟史学家争论过吗？他是怎么形成证据史观的？

记　者：您那时玩儿收藏不需要太多的钱吧？

马先生：我这人一不嗜烟酒，二也没有什么恶习，三当时本人又有稿费，这是一笔工资之外的收入，多牛啊！有钱咱就可以买古董了嘛！而且那时古董也非常便宜。

记　者：据说，那时候要是运气好的话，能碰上有的卖家看见买主喜欢，就说"您拿走"，连钱都不要的事儿。您赶上过这好事儿吗？

马先生：多了去了。羡慕吧？

记　者：羡慕！

马先生：我那时认识一些文化界的老先生，他们家里都摆着好些古董。我常帮他们干活儿。每次忙完之后洗干净手，我

就抱着这些古董反复看。老先生问我："你怎么会喜欢这些东西？"我说："我天生就喜欢。"有的老先生就说："得了，你喜欢就抱回家吧。"因为在"文革"年代，很多人因为家里有这些东西被弄得家破人亡，而且当时这些东西也不值钱，所以就慷慨地送人了。我就特高兴地抱回家研究，琢磨这都是些什么东西。

回答问题

1. 收藏需要花很多钱，马先生当时的状况是什么样的？
2. 马先生有过什么样的好运气？这样的事儿多吗？
3. 老先生们为什么会把自己家里的古董送给马先生？

二、收藏的乐趣

记　　者：您买的第一件藏品是什么？

马先生：记不住了。我在书里说是一件钧瓷挂屏，那是瞎说的，因为它特别贵，所以印象特别深。其实在那之前我买过很多东西了，几块钱、几十块钱的小玩意儿买过很多。

记　　者：您当时看中那件钧瓷挂屏什么了？

马先生：好看哪！其实当时我还不知道什么是钧瓷，还以为是"军"呢。后来一个老师傅告诉我：老话说，"家有万贯，不值钧瓷一片"。

记　　者：您是冲这句话买的？

马先生：不是。我当时就是觉得它特好看。可一听说它的售价是两千块，我连想都没想就走了。后来再去，人家给我打了个八折，变成一千六百块了，哎哟，我都兴奋得找不着北了。

记　者：嗬，还兴奋呢，多贵呀，好在您有外快！

马先生：我是用攒的买彩电的钱买了它。电视不就是看个热闹嘛，那东西有啥意思？

回答问题

1. 钧瓷挂屏是马先生买的第一件藏品吗？如果不是，他为什么在书里说是它？

2. 马先生买的时候了解钧瓷的价值吗？后来怎么知道的？

3. 马先生去了几次才买到？为什么？

记　者：您收得最艰难的一件东西，或者说是费尽周折最后也没收到的东西是什么？

马先生：多了。收藏的过程更多的是放弃的过程。最简单的原因就是没有钱。收藏这个行当是无论你多有钱，你都不可能把你想要的东西全都收入囊中。

记　者：举个例子？

马先生：随时随刻都有。过去在乡下看好一件东西，老头儿、老太太死活不卖。老人嘛，大部分都比较恋旧，对那东西有几十年的感情在里面，说什么也不卖。

记　者：后来就没买成？

马先生：后来老人家过世了，我接到消息立马赶过去。

记　者：您这不是趁火打劫吗？

马先生：我还觉得是雪中送炭呢！人家正需要钱的时候，送钱的人就来了。儿女们不觉得这些旧家具有什么用，我还给他们解决了遗产分配的问题呢。

> **回答问题**
>
> 1. 马先生费尽周折也没得到的东西多吗？
> 2. 老人为什么不愿意卖他们的旧东西？
> 3. 对收购过世老人的东西，记者和马先生分别有什么解释？
> 4. 你觉得这是趁火打劫还是雪中送炭？

记　者：您有没有特别爱不释手、让您夜不能寐的东西？

马先生：没有。现在没有吸引我到非买不可地步的东西了。你看电视里介绍很多这"国宝"、那"国宝"的，弄得很玄，其实没那么重要。

记　者：您现在看什么都不激动了，那还能有乐趣吗？

马先生：有乐趣啊，有很多跟价钱无关的乐趣。是智力上的挑战。比如这次我在拍卖会上买了好几件东西，其中有一件特好的漆盒，别人不识货，所以很便宜就卖了。

记　者：又捡一漏。您过去经常捡漏吧？

马先生：对。过去捡漏的机会相对多些。现在不太容易了。

记　者：在您所有的收藏中，您最钟爱哪件藏品？

马先生：没有。我没有这样的东西。

记　者：怕被人惦记上，不能说？

马先生：不是，我确实没有这样的东西。我喜欢一样东西，看重的是它能否给我带来快乐，并不是说这东西是否值钱。实际上很多东西我买的时候不值钱，也不知道它后来会值钱。另外，文物之间横向是没法儿比较的，家具和瓷器怎么比？瓷器和玉器怎么比？所以我永远都没法儿回答"哪件最重要"这样的问题。

> **回答问题**
>
> 1. 马先生有喜欢得非买不可的东西吗?
> 2. 马先生认为收藏的乐趣在哪里?
> 3. 马先生为什么说自己没有最钟爱的东西?

记　者：您家里有这么多好东西,招过贼吗?

马先生：招过。很多年前我们家就来过贼。不过来的是土贼,只偷电视不偷文物。

记　者：那是真的不识货。

马先生：是啊。那天我回家,还没开锁,门自个儿就开了,我就知道来贼了。情急之下我也顾不上保护现场什么的了,赶紧跑进去看我的宝贝丢没丢。一看东西(文物)还在,只是电视、音响什么的没了,我这才松了口气,然后心情特好地就去报案了。

记　者：警察哪儿见过这样报案的人呀!

马先生：警察也这么说。一般丢了大彩电还不得坐在地上号啕大哭。

> **回答问题**
>
> 1. 马先生怎么评价来他家盗窃的贼?
> 2. 说一说马先生发现贼的过程。
> 3. 家里招了贼,马先生报案的时候跟一般人有什么不同?

(选自梅辰《马未都说马未都》)

词语表 Vocabulary

1.	传奇	chuánqí	名	指情节离奇、人物行为不寻常的故事。

古代~/~人物

2.	名利双收	mínglì shuāng shōu	既得到名声，又得到利益。

又出名、又赚钱，~的好事儿谁都想碰上。

3.	一塌糊涂	yìtāhútú	本义指混乱或败坏到了不可收拾的程度，用在形容词后只是强调程度高。

屋子里乱得~。

4.	见缝插针	jiàn fèng chā zhēn	比喻尽可能利用一切可以利用的时间或空间。

时间紧，需要学会~。

5.	妙不可言	miào bù kě yán	形容美妙得难以用言语来表达。

这支乐曲真是~。

6.	文献	wénxiàn	名	指有历史价值或参考价值的图书资料。

~研究/~资料

7.	深恶痛绝	shēn wù tòng jué	指对某人或某事物极端厌恶痛恨。

大家都对欺骗行为~。

8.	可气	kěqì	形	令人生气。

这家网站制造虚假信息骗顾客，实在~！

9.	交锋	jiāo fēng	离	指双方交战。也泛指互相争论。

几次~/喜欢~

10.	嗜	shì	动	特别爱好。

~财如命

11.	牛	niú	形	口语，形容厉害，很了不起。

~人/很~

12.	古董	gǔdǒng	名	珍贵的古代器物。

~店/收藏~

| 13. | 家破人亡 | jiā pò rén wáng | | 家业破败，家中有人死亡。 |
| | | | | 经历了~，他变得很忧郁。 |

| 14. | 费尽周折 | fèi jìn zhōuzhé | | 费了很大力气，经历了很多不顺利。 |
| | | | | 这本书是我~才找到的。 |

| 15. | 囊 | náng | 名 | 本义为装有东西的口袋，现可以指空口袋。 |
| | | | | ~空如洗 |

| 16. | 立马 | lìmǎ | 副 | 方言，意为立刻、马上。 |
| | | | | ~付钱/~送来 |

| 17. | 趁火打劫 | chèn huǒ dǎ jié | | 趁人家失火时去抢人家的东西，比喻趁他人危急时侵犯他人利益。 |
| | | | | 在人家受灾的时候捞一把，这不是~嘛！ |

| 18. | 雪中送炭 | xuě zhōng sòng tàn | | 在下雪天给人送炭取暖。比喻在别人有困难时给予物质上或精神上的帮助。 |
| | | | | 震后救灾物资及时送到，真是~！ |

| 19. | 爱不释手 | ài bú shì shǒu | | 喜爱得舍不得放手。形容极其喜爱。 |
| | | | | 新款手机实在太漂亮了，令人~。 |

| 20. | 夜不能寐 | yè bù néng mèi | | 形容因心中有事儿，晚上睡不着觉。 |
| | | | | 听到发生空难的消息后，一家人~。 |

| 21. | 玄 | xuán | 形 | 形容深奥不容易理解。 |
| | | | | 学外语不难，别说得那么~。 |

| 22. | 识货 | shí huò | 形 | 能识别货物的好坏，也指能鉴别人。 |
| | | | | 不怕不~，就怕货比货。 |

| 23. | 报案 | bào àn | 离 | 指将发现的犯罪事实或犯罪嫌疑人向司法机关报告。 |
| | | | | 发现被盗要立刻~。 |

| 24. | 号啕 | háotáo | 动 | 放声大哭。 |
| | | | | ~痛哭 |

注 释 Notes

1 仨俩星期你根本见不到他的人影儿，你得跟他**打持久战**

打持久战：指持续时间较长的作战。此处比喻花比较长的时间。例如：

① 战争打了8年，是名副其实的持久战。

② 队排得这么长，看来得准备打持久战了。

2 其实当时我还不知道什么是**钧瓷**，还以为是"军"呢

钧瓷：指宋代钧窑所产的瓷器，有很高的收藏价值。

3 老话说，"**家有万贯**，不值钧瓷一片"

家有万贯："贯"的本义是穿钱用的绳子，古代一千个制钱穿在一起叫一贯。"家有万贯"指家里很有钱，近似的说法还有"腰缠万贯"。例如：

① 家有万贯的富家子弟，现在叫"富二代"。

② 她一心想嫁一个腰缠万贯的大富翁。

4 哎哟，我都兴奋得**找不着北**了

找不着北：指迷路，比喻做事情没有头绪，迷失了方向。例如：

① 这个城市里的路曲里拐弯的，我还真有些找不着北。

② 刚开始工作，一时觉得找不着北是正常的，熟悉了就好了。

5 您过去经常**捡漏**吧

捡漏：古玩界的行话，指用很便宜的价钱买到很有价值的古玩。例如：

① 每逢周日，我都去古玩市场转转，希望碰运气捡个漏什么的。

② 我还以为捡了个漏呢，谁想到是假货！

表达提示 Expression tip

口语化的专题谈话体

语体类别最常见的简单划分方式是根据构成要素分为口语体和书面语体，但还可以在构成要素的基础上，根据使用范围、交际场合、交际内容进行细分。

口头交际所使用的语体一般归入谈话语体。谈话语体分为两大类，一种是随意谈话体，主要是日常生活交谈，往往比较口语化；另一种是专题谈话体，主要用于比较专门、正式的场合，谈话目的是探讨某个问题，话题比较集中，具有比较多的书面语特点。专题谈话体根据交谈的功能和双方所要达到的目的，还可以细分为征询体、辩论体和商谈体等。高级阶段的会话训练以话题讨论为主，所以侧重专题谈话体。

本文是一篇记者对专家的采访记录，是专题谈话体中征询体的典型形式之一。征询体交谈常常是征询者围绕一个主题提出一系列的问题，答问者作出回答，有时征询者还会对回答作简单的归纳或评价。在这种交谈中，提问的简洁明了和礼貌非常重要。如果双方比较熟悉，适度的幽默有助于营造愉快的交谈气氛。

一般的专题采访会使用比较正式的语体，但也要看说话者的语言风格。本文中的马先生的表达方式就很口语化，但因为双方都有较高的文化修养，所以也使用了许多文雅的书面语。由此可以看出，口语体和书面语体可以和谐并存，专题谈话体也可以是口语化的。

学习本课时，可以努力体会马先生的幽默和口语化表达的精彩，还可以侧重掌握如何像课文中的记者那样提问和表达自己的评价。

交际任务 Tasks

一　搜索与报告：收藏家的故事

搜索对象：上网查阅关于收藏家马未都的介绍，马未都的著作、讲演等。

报告要求：1. 不追求全面，可以选择自己感兴趣的内容向大家报告；

2. 尽量多使用新学的词语和表达方式。

二　浏览与报告：收藏

搜索对象：有关收藏的电视节目、网站，搜集最近收藏、拍卖等方面的信息。

报告要求：向大家报告你认为有价值的信息和有意思的故事。

三　演讲：我的爱好

演讲要点：1. 介绍自己爱好的起因；

2. 描述爱好给自己带来的乐趣；

3. 讲讲因爱好而遇到的有趣的人和事儿。

练 习 **Exercises**

课文理解

一　简要概括本课的话题

二　简要叙述课文主人公的收藏经历

三　总结主人公怎么看收藏的意义

词语练习

一　词语归类：找出与收藏有关的词语

二　根据解释说出对应的词语

　　1. 既得到名声，又得到利益——

　　2. 尽可能利用一切可以利用的时间或空间——

　　3. 对某人或某事物极端厌恶痛恨——

　　4. 在别人有困难时给予物质上或精神上的帮助——

　　5. 趁他人危急时侵犯他人利益——

　　6. 喜爱得舍不得放手——

　　7. 放声大哭——

　　8. 家业破败，家中有人死亡——

　　9. 做事情没有头绪，迷失了方向——

　　10. 美妙得难以用言语来形容——

三　找出课文中意思相同的书面语与口语，填写下表

书面语	口语
1. 思考	琢磨
2. 无论如何	
3. 自己	
4. 很多	
5. 立刻	
6. 农村	

7. 柄	
8. 特别令人生气	
9. 了不起	
10. 储蓄	

四 选词填空

趁火打劫　　爱不释手　　深恶痛绝　　号啕

雪中送炭　　家破人亡　　名利双收　　识货

1. 你真（　　　　），买的新手机太漂亮了，令人（　　　　）。

2. 海啸灾区的灾民们生活十分困难，各国及时送来救援物资，真是（　　　　）。

3. 公司破产，丈夫去世，面对（　　　　），姐姐禁不住（　　　　）大哭。

4. 我对撒谎（　　　　），请你说实话。

5. 一些歹徒在地震以后（　　　　），实在可气。

6. 这件事儿办好了（　　　　），既可以赚大钱，又可以得到好名声。

成段表达

一 模仿例句，完成句子

1. 我这个人喜欢琢磨，看到一样东西就会想："为什么会是这样？"

（1）我这个人喜欢讨论，……。

（2）我这个人喜欢认真，……。

（3）我这个人喜欢……，……。

2. 一听说它的售价是两千块，我连想都没想就走了。

（1）一看到桌上放着苹果，妈妈连……。

（2）一摸口袋是空的，小王……。

（3）一……，……连……。

3. 人家给我打了个八折，……我都兴奋得找不着北了。

（1）……，老张高兴得找不着北了。

（2）我轻而易举通过了面试，……。

（3）……，……找不着北了。

4. 过去在乡下看好一件东西，老头儿老太太死活不卖。

（1）……，办公室的人死活不同意。

（2）……，老板死活不降价。

（3）……，……死活……。

5. 我喜欢一样东西，看重的是它能否给我带来快乐。

（1）我爱一个人，看重的是……。

（2）面对众多选择，我看重的是……。

（3）……，看重的是……。

6. 一看东西还在，……我这才松了口气。

（1）听说……，我才松了口气。

（2）所有的准备工作都做好了，……。

（3）……，……松了口气。

二　串词成篇：用所给第一个词语作为话题，尽量使用所提供的其他词语编一个小故事

1. 爱不释手　　一……就……　　　慷慨　　琢磨
2. 雪中送炭　　无论……都……　　兴奋　　立马
3. 见缝插针　　因为……所以……　乐趣　　惦记

三　续讲故事

1. 李先生在文物市场发现了一个宋代钧瓷的碗，售价是1000元，这怎么可能呢？是摊主不识货？那可就捡了一个大漏！但要是假货……。
2. 小偷撬开这家的门，发现到处都是古董，……。
3. 电视里说这个花瓶是国宝，我就开始琢磨了，……。

自由表达

一　各抒己见：收藏的意义

二　怎样才能做一个好的收藏家？（参考"相关阅读"）

相关阅读

收藏术语

行有行规，收藏市场也不例外，有些收藏术语在外行人眼里真有些懵。在此列出一些收藏术语，也许对初涉收藏领域的人有些益处。

玩儿：内行人称收藏为玩儿，初次见面问"你玩儿什么"，意思是收藏什么。

绷价：在市场上坚持要高价，从字面上即可理解。一般不外乎两个原因，一是想卖个好价钱，二也可能是想吓走顾客。

新货：不管什么藏品，总有好赖，甚至有赝品。这时候，内行人会说"这个东西有点儿新"，给摊主留点儿面子。

俏货：物美价廉的藏品，购买俏货要凭自己的眼力。

品相：就真品而言，品相越好，价格相对就高。

虫儿：通俗地说，就是压箱子底的藏品，能够让观者眼睛一亮的东西，甚至一屋子藏品也抵不过这一件。

走眼（打眼）：收藏爱好者用较高的价钱买了不值此价的藏品，或买了赝品。

掌眼：初涉收藏领域，不知如何入门，拜个师傅多多指教，师傅便为你"掌眼"。

走宝：对卖主而言，指一件好东西很便宜地出手了；对买这件东西的收藏爱好者来说便是"捡漏"了。

搬砖头：不花本钱搬弄别人的物品，依仗自己信息灵通、渠道广泛做生意，类似于上海话"掮客"。

收藏八忌

一忌缺乏恒心，朝三暮四。一个有水平的收藏家，决非一朝一夕之功，都是数十年如一日，苦心孤诣，呕心沥血的结果，如果没有这种精神，很可能半途而废。

二忌好高骛远，门类求全。必须集中目标，选好自己的收藏对象，在收藏过程中，要先易后难，先粗后精，不能急于求成，盲目追求珍稀罕品。

三忌优柔寡断，丧失良机。收藏之物，一旦看中，就应当机立断。须知机不可失，时不再来，此种教训，比比皆是。

四忌粗心大意，盲目购进。目前古玩市场鱼龙混杂，收集藏品，必须细心谨慎，特别对较为珍贵之物，更要仔细从事。

五忌玩物丧志，影响本职。业余收藏者都有自己的本职工作。因而要摆正位置，不能本末倒置。诚然，无癖难以搞好收藏，但业余收藏不要影响本职工作，玩物不丧志，是当今收藏新风尚。

六忌不遵法规，不讲道德。收藏者必须遵纪守法，切不可见利忘法。人品重于藏品，为了藏品而丧失人品，是违背收藏道德的。

七忌只藏不学，夜郎自大。收藏贵在研究，只藏不学，与保管员无异。小有成果便炫耀自己，不求进取，更是井底之蛙。

八忌束之高阁，秘不示人。不少收藏家将自己的藏品毫无保留地展示于众，让大家分享其中的乐趣，甚至捐赠给国家，更能使他精神上得到愉悦、满足。集得藏品束之高阁，不发挥其社会效益，无异于抓住金钱不放的守财奴。

说一说：1. 收藏究竟有哪些乐趣？

　　　　2. 怎么看收藏与金钱的关系？

拍卖你的生涯

话题背景

如果没有一些特殊的事件，每天忙忙碌碌的我们，可能无暇多去思考生命的意义，甚至不知不觉失去了人生的方向。一次别开生面的拍卖会，让我们面对选择，面对自己的内心。

我前几天去参加了一个讲座，题目叫做"拍卖你的生涯"。

讲座开始之前，老师说先做个游戏，他发给每人一张纸，纸上打印着十几行字：

1. 豪宅
2. 巨富
3. 一张取之不尽用之不竭的信用卡
4. 美貌贤惠的妻子或英俊博学的丈夫
5. 一门精湛的技艺
6. 一个小岛
7. 一座宏大的图书馆
8. 和你的情人浪迹天涯
9. 一个勤劳忠诚的仆人

10. 三五个知心朋友

11. 名垂青史

12. 一张可以免费去全世界旅游的机票

13. 和家人共度周末

14. 直言不讳的勇敢和百折不挠的真诚

15. 价值50万美元并每年可以获得25%纯利收入的股票

……

大家看到这些项目，先是交头接耳地议论，然后静静地等着老师发话。

老师拿起一只小锤子敲了敲讲台，说："这只锤子暂时充当拍卖锤，我今天要拍卖的东西，就是在座诸位的生涯。"

生涯？一个令人迷茫的词语。我们大致明白什么是生存，什么是生活，但不太清楚什么是生涯。我们只是一天天随波逐流地过日子，也许到了70岁才恍然大悟，可"生涯"已经接近尾声。

老师说："一个人的生涯，就是你人生的追求和事业的发展。它可以掌握在你自己的手中。性格就是命运。生涯从属于你的价值观。通常人们谈到生涯的时候，总觉得有太多的不可把握性，觉得它神秘莫测。其实并非如此。今天，我想通过这个游戏让大家清晰地了解自己，预测自己的生涯。"

大家听明白了，一个个跃跃欲试。

回答问题

1. 这些项目中你会首先选择哪一项？

2. 学生们怎么理解"生涯"这个词？

3. 老师怎么解释"生涯"？

4. 通常人们对"生涯"的看法和老师有什么不同？

5. 大家愿意拍卖自己的生涯吗？

老师象征性地发给每人1000块钱，代表每人一生的时间和精力，然后拿出一堆卡片，每张写着以上所列各项中的一项。老师说："我将一一举起这些卡片，这就等于开始了拍卖。你们可以用手中的'钱'，购买我的这些可能性。100块钱起拍，欢迎竞价。当我连喊三次，无人再出高价的时候，锤子就会落下，这项生涯就属于你了。注意，我说的是可能性，并非真的事实。这意思就是说，你竞得了豪宅，并不等于你真的拥有了它，只是说你将穷尽一生的精力来争取它。你只要以它为目标去努力，把它当成你整个生涯的支撑点，就有很大的可能实现。"

这个游戏把我们的人生目的形象化了——让我们看清楚，这一生到底想要什么。

回答问题

1. 老师真的发给每个人1000块钱吗？这1000块钱代表什么？

2. 老师宣布的拍卖过程有几个环节？

3. 老师怎么解释通过拍卖得到的"生涯"？

4. 这个游戏有什么意义？

老师举起了第一项拍卖品——拥有一个小岛。起价100元。

全场寂静。一个小岛？它在哪里？南半球还是北半球？面积有多大？人口有多少？有什么样的风土人情？

老师一脸严肃，拒绝解释。我们明白了，就是一个平平常常的小岛，看你愿不愿意以一生作赌去赢得它。

一个平时喜欢探险的女生大声喊出了第一个竞价："我出200！"

一个男生几乎是下意识地报出：500！他的想法很简单：买一个荒凉的岛屿，这样的事情应该让男子汉来做。

可是那个女生志在必得。她涨红了脸，一下子喊出了：1000！

这是天价了。每个人只有1000块钱，也就是说，她铁了心要得到这个小岛，别人只能望洋兴叹了。

那个男生有些悻悻然，说，竞价应该一点儿点儿攀升，这样也可以给别人一个机会。

老师淡然一笑说："我们只是象征性地拍卖，所以可能不合规矩。大家要记住，生涯如同战场，机会瞬间即逝，假如你认定了自己的目标，就要紧紧锁定它。"

大家明白了竞争的激烈，教室里的空气开始紧张，似乎还有若隐若现的敌意。

> **回答问题**
>
> 1. 对一个小岛，大家关心哪些方面？
> 2. 谁得到了这个小岛？
> 3. 女生对得到小岛是什么态度？
> 4. 男生对结果是什么态度？
> 5. 老师提醒大家记住什么？
> 6. 这时教室里是什么样的气氛？

拍卖的第二项是美貌贤惠的妻子和英俊博学的丈夫。我原以为这一项会产生激烈的争夺，不料出现了冷场。也许因为它太传统，太古板，缺少刺激，大伙儿不愿意在一开场就把自己跟终身伴侣拴在一起。好在和美的家庭总对人有经久不衰的吸引力，经过不算激烈的竞争，最终它被一位性情温和的男士以700元买去。

拍卖"取之不尽用之不竭的信用卡"时，引起了空前激烈的争抢。聪明的人已经发现，这些项目有的是互相交叉，可以互相替代的。有人小声嘀咕：有了这样的信用卡，想要什么就要什么，巨富不巨富的，也无所谓了。于是这个项目成了香饽饽，一时群情激昂，最后被一奋勇的女将掳走。

> **回答问题**
>
> 1. 拍卖第二项时为什么会出现冷场？
>
> 2. 第二项最后是因为什么被拍卖出去的？
>
> 3. 拍卖信用卡的时候出现了什么场面？
>
> 4. 这时有人发现这些项目之间有什么关系？
>
> 5. 这个项目为什么会引起空前激烈的争抢？
>
> 6. 这两项你会选择哪一项？理由是什么？

此后的拍卖，可以说险象环生。有些简直是个人价值取向甚至是隐私的大曝光。一位平时极为腼腆内向的男同学，拍下了免费旅游世界的机票，让人刮目相看。一位风传正在离婚的女子，选择了"和情人浪迹天涯"，于是有人暗中揣测：她是否已有了意中人？一个做事麻利能干的同学，居然选了要一个勤快忠诚的仆人，让所有人大跌眼镜。仔细琢磨一下，大概是因为他当勤快人当烦了，指挥指挥别人，也是一种心理补偿吧。一个爱喝酒、爱聚会的同学要了"三五个知心朋友"，这倒不意外。

回答问题

1. 此后的拍卖气氛如何？

2. 通过拍卖暴露了什么？

3. 谁拍下了免费旅游世界的机票？

4. 拍下了"和情人浪迹天涯"的女同学引起了什么揣测？

5. 做事麻利能干的同学选了什么？为什么？

6. 选择"三五个知心朋友"的同学让大家奇怪吗？

7. 这四项当中你会首选哪一项？理由是什么？

我光顾看热闹了，自己到底想要什么总拿不定主意。悄悄跟同桌讨论："你看我要图书馆怎么样？"

同桌不屑："傻了不是？只要有钱，什么样的图书馆置办不出来呢？再说，如今是信息时代，资料都储存在光盘里，图书馆是后工业时代的遗物了。我看你不妨要那支股票，那可是一只会下金蛋的火鸡。"

他话还没有说完，老师举起一张新的卡片。他立刻大喊一声："嗨！这个我要定了。1000！"

他要的是"一门精湛的技艺"。他很认真地解释说："我总记得我老爸的一句话：家有千金，不如薄技在身。"

这时，老师举起了"图书馆"，我也学同桌，大喊了一声："1000！"就算是虚拟的，我也要。我才不管什么"后工业时代的遗物"呢。

回答问题

1. "我"一直在做什么？"我"决定选什么了吗？

2. "我"的同桌怎么看待选图书馆的打算？

3. 同桌选了什么？为什么？

4. "我"最后选择了什么？"我"接受同桌的建议了吗？

5. 你觉得在信息时代图书馆还重要吗？

拍卖一项项地进行下去，场上气氛热烈。我不了解真正的拍卖行是怎样的程序，但感到了这个游戏对大家心灵的触动。

当老师说，游戏到此结束，教室一下子静了下来。

老师接着说，不知道大家发现了没有，有三项生涯没有人应拍，也就是说不曾成交，它们是：

1. 名垂青史

2. 和家人共度周末

3. 直言不讳的勇敢和百折不挠的真诚

同学们大眼瞪小眼，一时不知说什么好。

老师说，为什么会剩下这三项？这个问题留给大家回去思考。讲座现在开始。

回答问题

1. 哪三项生涯没有人应拍？

2. 同学们对此是什么反应？

3. 你怎么看被剩下的三项？

（选自毕淑敏《拍卖你的生涯》）

词语表 Vocabulary

1.	拍卖	pāimài	动	以公开竞价的方式，将特定的物品或财产权利转让给最高应价者的买卖方式。
				~会/ ~资产
2.	精湛	jīngzhàn	形	精深。
				~的技艺/工艺~
3.	浪迹天涯	làng jì tiānyá		到处流浪，足迹遍天下。
				我的梦想是一个人~。
4.	名垂青史	míng chuí qīngshǐ		把姓名事迹记载在历史书籍上。形容功业巨大，永垂不朽。
				为人类作出巨大贡献的科学家将会~。
5.	直言不讳	zhí yán bú huì		说话坦率，毫无隐讳。
				~指出朋友的缺点，并不是件容易的事儿。
6.	百折不挠	bǎi zhé bù náo		无论遇到多少挫折都不退缩，形容意志坚强。
				为了实现理想，我将~，一往无前。
7.	纯利	chúnlì	名	又称做净收益，指企业总收入减去所有相关的支出。
				今年公司赚取~一个亿。
8.	交头接耳	jiāo tóu jiē ěr		头靠着头，嘴凑近耳朵。形容两个人凑近低声交谈。
				你们俩~地说什么呢？
9.	诸位	zhūwèi	代	敬辞。总称所指的若干人。
				~嘉宾/感谢~
10.	随波逐流	suí bō zhú liú		比喻没有坚定的立场，缺乏判断是非的能力，只能随着别人走。
				没有主见的人容易~。

11. 恍然大悟　huǎngrán dà wù　　　　形容人对某事一下子明白过来、突然醒悟。

经老师一解释，同学们～。

12. 神秘莫测　shénmì mò cè　　　　非常神秘，不可推测。常用来形容一些不可理解的事物或现象。

算命先生总是一副～的样子。

13. 跃跃欲试　yuèyuè yù shì　　　　形容心里急切地想试试。

刚拿到驾驶执照，见到车就～。

14. 起拍　qǐpāi　　　　动　　开始拍卖。

100元～

15. 竞价　jìng jià　　　　离　　竞相出价。

～过程

16. 风土人情　fēngtǔ rénqíng　　　　一个地方特有的自然环境和风俗、礼节、习惯的总称。

旅游者们希望了解当地的～。

17. 志在必得　zhì zài bì dé　　　　指立志要得到某种东西或完成某种愿望。

这次竞选总统，我～。

18. 望洋兴叹　wàngyáng xīng tàn　　　　比喻因不胜任或没有条件而感到无可奈何。

面对高房价，许多买房者～。

19. 悻悻　xìngxìng　　　　形　　恼怒，生气的样子。

看到没人理他，他～地走了。

20. 若隐若现　ruò yǐn ruò xiàn　　　　隐隐约约，看不清楚。

雾天里，一切都变得～。

21. 冷场　lěng chǎng　　　　离　　指开会时无人发言。

出现～/打破～

22. 嘀咕　dígu　　　　动　　小声说，私下里说。

有话大声说，别在下面～！

23.	险象环生	xiǎnxiàng huán shēng		危险的局面不断产生。
				感觉进入了一个～的世界。
24.	风传	fēngchuán	动	指传闻，道听途说。
				～他俩分手了。
25.	揣测	chuǎicè	动	推想；估计。
				～动机/仔细～
26.	遗物	yíwù	名	指古代或死者留下来的东西。
				处理～/祖先～

注 释 Notes

1 这是**天价**了

天价：形容高得令人难以接受的价格。例如：

① 听说那栋别墅开出了一个亿的天价，不知道什么人能买得起。

② 对我这种工薪族来说，100万已经是天价了。

2 她**铁了心**要得到这个小岛，别人只能望洋兴叹了

铁了心：口语，指下定了决心要做某件事情。例如：

① 只要是姐姐铁了心打算做的事儿，谁也说服不了她。

② 听老板说话的口气，这笔买卖他铁了心要做。

3 于是这个项目成了**香饽饽**

香饽饽：口语，饽饽是一种食物，这里比喻受欢迎的东西或人。例如：

① 这个项目需要用法语，于是懂法语的人成了香饽饽。

② 现在"海归"已经变成了"海带"，你以为自己还是香饽饽吗？

4 一个做事麻利能干的同学，居然选了要一个勤快忠诚的仆人，让所有人**大跌眼镜**

大跌眼镜：形容事情的结果非常出乎人的意料，令人吃惊。例如：

① 这位著名导演怎么会拍出如此差劲的电影？简直令人大跌眼镜。

② 让人大跌眼镜的是，世界冠军居然没开赛就宣布退场。

5 同学们**大眼瞪小眼**，一时不知说什么好

　　大眼瞪小眼：形容不知道该怎么办或莫名其妙。例如：

　　① 辩论会就要开始了，主持人却还没到场，大家大眼瞪小眼，一筹莫展。

　　② 谁也不知道经理这些话是什么意思，员工们大眼瞪小眼，不知该怎么回答。

修辞与表达的生动性

　　阅读文艺语体的文章，常常会感到作者说话很生动，很形象，这种效果有赖于多种因素，其中很重要的一个方面，就是作者善于运用各种修辞手段。"修辞"的本义就是修饰言辞，即在使用语言的过程中，利用多种语言手段以收到尽可能好的表达效果。比喻和夸张是常用的修辞手段，如在本篇课文中将受欢迎的人或东西比喻为"香饽饽"，将下定决心夸张地说成了"铁了心"等。如果希望自己的汉语表达生动、有感染力，不妨学习一点儿修辞手段。

一　拍卖与报告

　　拍卖内容：拿课文中这些项目向你的朋友拍卖。

　　报告内容：记下朋友的选择以及选择的理由，然后向大家报告。

　　活动要求：1. 拍卖时，努力使用生动的语言，活跃拍卖现场的气氛；

　　　　　　　2. 报告时，可以对朋友们的选择进行分析、发表评论。

二　搜索与报告

　　查看最近的拍卖会信息（最好能通过电视或网络观看拍卖活动），然后向大家报告。

　　活动要求：1. 准确记录拍卖会的名称、组织者、举行时间等；

　　　　　　　2. 描述拍卖会的现场气氛和人们的表现。

三　广而告之

　　写一张海报，宣传即将举办的一场闲置生活用品、书籍拍卖会，读给全班听。

　　活动要求：1. 提供这场拍卖会举行的时间、地点、内容等信息；

　　　　　　　2. 宣传语言生动风趣。

练 习 Exercises

课文理解

一 简要概括本课的话题

二 简要叙述拍卖过程

三 说说"我"的心理活动过程

词语练习

一 词语归类：找出课文中与拍卖有关的词语

二 找出课文中比喻和夸张的说法

三 根据解释说出对应的词语

    1. 危险的局面不断产生——

    2. 说话坦率，毫无隐讳——

    3. 比喻因不胜任或没有条件而感到无可奈何——

    4. 比喻没有坚定的立场，缺乏判断是非的能力，只能随着别人走——

    5. 形容人对某事一下子明白过来、突然醒悟——

    6. 形容心里急切地想试试——

    7. 头靠着头，嘴凑近耳朵。形容两个人凑近低声交谈——

    8. 无论遇到多少挫折都不退缩，形容意志坚强——

    9. 隐隐约约，看不清楚——

    10. 非常神秘，不可推测。常用来形容一些不可理解的事物或现象——

四 词语辨析

    1. 为了获得更好的发展，应该对自己的职业（生存/生活/生涯）进行认真的
      规划。

    2. （大家/大伙儿/诸位），今天的辩论到此结束，谢谢！

    3. 别在那儿开小会（议论/嘀咕/讨论），有什么想法儿拿到桌面上来。

    4. 你们都甭劝我，我（坚决/下定决心/铁了心）要嫁给他。

    5. 善拍马屁之人必长于（揣测/估计/琢磨）上司的心理。

成段表达

一 模仿例句，完成句子

1. 一个人的生涯，就是你人生的追求和事业的发展。

    （1）名垂青史，就是……。

    （2）浪迹天涯，就是……。

    （3）……，就是……。

2. 每个人只有1000块钱，也就是说，她铁了心要得到这个小岛，别人只能望洋兴叹了。

    （1）女朋友拒绝听我道歉，也就是说，……。

    （2）我决定放弃考研究生，也就是说，……。

    （3）……，也就是说，……。

3. 就算是虚拟的，我也要。我才不管什么"后工业时代的遗物"呢。

    （1）就算是白跑一趟，他也要去。他才不管……呢。

    （2）就算是得罪人，才不管……呢。

    （3）……，……才不管……呢。

4. 同桌不屑："傻了不是？只要有钱，什么样的图书馆置办不出来呢？……。"

    （1）同屋大笑："错了不是？……。"

    （2）妻子急了："……不是？……。"

    （3）……："……不是？……。"

5. 不知道大家发现了没有，有三项生涯没有人应拍，也就是说不曾成交，它们是……。

    （1）不知道你们注意到没有，一班的同学都没来上课，……。

    （2）不知道同学们想到没有，……。

    （3）不知道……没有，……。

二 串词成篇：用所给第一个词语作为话题，尽量使用所提供的其他词语编一个小故事

　　1. 大眼瞪小眼　　虽然……但……　　　　遗物　　冷场
　　2. 香饽饽　　　　因为……所以……　　　纯利　　精湛
　　3. 随波逐流　　　宁肯……也不……　　　主见　　软弱

三 修辞练习

　　1. 用比喻的方法描写你心中最美的人、最美的风景、最开心的时刻。
　　2. 用夸张的方法描写着急的心情、紧张的气氛、瞌睡的状态等。

自由表达

一 各抒己见：人的一生中最重要的东西是……

二 续讲故事

　　1. 得到一张取之不尽用之不竭的信用卡之后……。
　　2. 终于可以跟情人一起去浪迹天涯……。
　　3. 中奖获赠一张免费机票……。
　　4. 这个小岛归我了……。
　　5. 有人请我设计一座宏大的图书馆……。
　　6. 有了一个勤快麻利的仆人之后……。

相关阅读

我的五样

　　老师出了题目——"写下你生命中最宝贵的五样东西"。我拿着笔，面对一张白纸，四周一下寂静无声。

　　也许是当过医生的缘故，片刻的斟酌之后，我本能地挥笔写下：空气、水、太阳……

　　这当然是不错的。你不可能设想在一个没有空气和水的星球上，能滋长出如此斑斓多彩的生命。但我很快发现自己陷入了困境——按照医学的逻辑，还应该写下心脏和气管，那我的五项指标额度立马用尽。哈，我的答案会充满了科普意味。

　　这个测验，目的是辅导我们分辨什么是自我生命中最重要的因子，让我们在面临人生的重大选择和丧失时，会比较从容，可以妥帖地排出轻重缓急。而我的答案缺乏甄别和实用性。

改弦易辙。我决定在水、空气和阳光三要素之后，写下对我个人更为独特和生死攸关的因子。

于是，第四样——鲜花。

绚烂的有刺的鲜花，象征着生活的美好和无可回避的艰难，我是如此地挚爱它们，觉得它们美轮美奂，不可或缺。

写下鲜花之后，仅剩一样挑选的余地了。刹那间，无数声音充斥着耳鼓，申述着自己的无可替代性。

偷着觑了一眼同学们的答案，不禁有些惶然。

有人写下"父母"。我顿觉自己的不孝。是啊。对于我的生命来说，父母难道不是极为宝贵的因素吗？

有人写下"孩子"。我惴惴不安，甚至觉得自己负罪在身。那个幼小的生命，与我血脉相连。我怎能在关键的时刻，将他遗漏？

有人写下"爱人"。我更惭愧了。说真的，在刚才的抉择过程中，几乎将他忘了。或许因为在潜意识里，认为在未曾识得他之前，我的生命就已存在许久。我们也曾有约，无论谁先走，剩下的那人都要一如既往地好好儿活着。既然彼此已经商定不是生命的必需，未进提名，也有几分理由吧？

正不知最后一样选什么时，老师的一句话救了我。她说，这生命中最宝贵的东西，不必从逻辑上思索推敲是否成立，只需是你情感上的真爱即可。

凝神再想。

略一顿挫之后，拟写"电脑"。因为基本上已经不用笔写作，电脑便成了我密不可分的工作伴侣。电脑于我，并不只是单纯的工具，它是一种象征，代表我挚爱的劳动和神圣的职责。很快又想到电脑所受制约较多，比如停电或是病毒入侵，都会让我无所依傍。唯有朴素的笔，虽原始简陋，却可朝夕相伴风雨兼程。

于是洁白的纸上，记下了我生命中最宝贵的五样东西——水、阳光、空气、鲜花和笔。

同学们嘻嘻笑着，彼此交换答案。一看之后，却都不作声了。我吃惊地发现，每人选择的物件绝无雷同，有些简直就让人瞠目结舌。比如"足球"和"巧克力"，在我就大不以为然。但老师再三提示：不要以自己的观点去衡量他人，于是不露声色。

接下来，老师说，好吧，每个人在你写下的五样当中，划去相对不那么重要的一样，只剩下四样。

权衡之后，我在"鲜花"旁边打了一个小小的"×"字。

老师走过来看到了，说，不能只是在一旁做个小记号，放弃就意味着彻底的割舍，你必须用笔把它全部涂掉。

请将剩下的四类当中，再剔去一种，仅剩三样。老师的声音很平和，却有一种不容商量的断然压力。

我犯了难。删掉哪样是好？思忖片刻，提笔把"水"划去了。从医学知识上讲，没有了空气，人只能苟延残喘几分钟，没有了水，在若干小时内尚可坚持。两害相权取其轻吧。

我已经约略猜到了老师的程序，便有隐隐的痛楚弥漫开来。不断丧失的恐惧，化作乌云大兵压境。痛苦的抉择似一条苦难的巷道，弯弯曲曲伸向远方。

果然，老师说，继续划去一样，只剩两样。

这时教室变得很寂静，每个人都在冥思苦想举棋不定。我已顾不得探察他人的答案，面对着自己人生的白纸，愁肠百结。

笔、阳光、空气……何去何从？

闭起眼睛一跺脚，我把"空气"划去了。

我曾在海拔五千多米的冰山上攀援绝壁，缺氧的滋味撕心裂肺。无论是谁，隔绝了空气，生命便飘然而逝。一切只能成为哲学意义上的讨论。

好了，现在再划去一样，只剩最后一样。老师的音调很温和，但执著坚定充满决绝。

教室内已经有轻轻的哭泣声。人啊，面临丧失，多么软弱苦楚。即使只是一种模拟，已使人肝肠寸断。

笔和阳光。它们在纸上誓不两立地注视着我，陷我于深重的两难。

留下太阳吧——心灵深处在反复呼唤。有了太阳，玫瑰花会重新开放，曾经失去的一切，都会在不知不觉中悄然归来。

只是，我在哪里？在干什么？

我看到自己孤独的身影，百无聊赖。孤独地看日出日落，听潮涨潮消。

那生命的存在，于我还有怎样的意义？

自问至此，水落石出。我慢而稳地拿起笔，将纸上的"太阳"划掉了。

偌大一张纸，在反复勾勒的斑驳墨迹中，只残存下来一个固守的字——"笔"。

这种充满痛苦的抉择，像一个渐渐缩窄的闸孔，将激越的水流凝聚成最后的能量，冲刷着我们纷繁的取向。当那通道边的一夫当关，万夫莫开之时，生命的重中之重，就简洁而挺拔地凸立了。

感谢这一过程，让我清晰地得知什么是我生命中的真爱——就是我手中的这支笔啊。它噗噗跳动着，击打着我的掌心，犹如我的另一颗心脏，推动我的一腔热血四肢百骸。

突然发现四周万籁俱寂。人们在清醒地选择之后，明白了自己意志的支点，便像婴儿一般，单纯而明朗地宁静了。

我细心地收藏起这张白纸，一如珍藏一张既定的船票。知道了航向和终点，剩下的就是帆起桨落战胜风暴的努力了。

（选自毕淑敏同名文章）

说一说：1. 你对这位作家的选择是理解还是不以为然？

2. 你会怎样面对不断丧失的恐惧和痛苦的抉择？

4 如何成为职业旅行者

话题背景

不知从何时起，"背包客"这个名称越来越多地出现在我们身边。人们用它来称呼那些长途自助旅行的人，他们通过游历认识世界，认识自我，挑战极限。

一个人，一个背包，走遍天下，四海为家。这样的背包客生活，让多少人向往！

小鹏从一个经济学专业的海归，到成为一位职业旅行者，走过了十年的流浪路。他将自己的旅行生涯写成《背包十年》，被网络追捧者称为"每个年轻人都应该看的一本书"。

让我们一起来分享他的故事、他的感悟。

回答问题

1. 背包客的生活是什么样的？

2. 小鹏有什么样的生活经历？

3. 《背包十年》是一本什么样的书？

旅行进入第十个年头，经过兜转轮回，我又恢复到最初状态。就是一个人，一个背包，想去哪儿就去哪儿。而此时既能获得让旅行继续的赞助，还能通过写稿、拍片获得不错的收入。最早的那个个人网站也升级为传播率更高的博客，这样做的目的，是希望和更多朋友分享"人在旅途"时的所思所想和快乐感动。所谓最幸福的工作就是不用朝九晚五，既没有领导也没有员工，每天只做自己喜欢的事情，并能从中获益。之前总有人说我的生活"不靠谱儿"，可正是因为一直都"不靠谱儿"，所以才越来越"靠谱儿"。

此时的我终于成为一名职业旅行者。究竟怎样才算职业旅行者？我也有了自己的理解和定义。

回答问题

1. 小鹏的书受欢迎吗？为什么？

2. 小鹏对自己现在的状态满意吗？

3. 小鹏怎么解释"最幸福的工作"？

4. 之前别人怎么评价小鹏的生活？

关于旅行方式：体验式

体验式旅行，是指在旅行过程中对所有从未见过、从未尝过、从未玩儿过的事物都去努力尝试。我既住过超五星的酒店，也曾经露宿街头，既品尝过顶级美食，也去路边小摊儿填饱肚子。从吃苦到享乐，职业旅行者都要充分体验。了解了人生百态，流转在笔下的文字和拍下的照片才会有内涵、有深度。

回答问题

1. 什么是"体验式旅行"？

2. 小鹏有过哪些体验？

3. 充分体验能给职业旅行者带来什么？

职业技能：能写能拍，视角独特

写字拍照，只是成为职业旅行者的基本技能，这是换取旅费的筹码。而视角独特，才是成为顶尖旅行者的那张底牌。如何从千篇一律的游记中脱颖而出，如何在第一时间打动你的读者，这最难，也最有趣味。简单地说，就是写下、拍下那一瞬间的感动。

回答问题

1. 职业旅行者需要什么基本技能？

2. 怎样才能成为顶尖旅行者？

3. 写游记和拍照最难、最有趣味的是什么？

职业素质：苦中作乐，喜新厌旧，持之以恒

苦中作乐，就是在被偷、被骗或者孤独无聊时，还能享受当时的一分一秒。享受生活是热爱生命的另一种形式，也就是所谓的乐观主义精神。

喜新厌旧，几乎所有的旅行者都希望每天过得不一样，希望日子像彩虹一样色彩纷呈。这是旅行的动力所在。一旦丧失了这种动力，也就不想再出发了。

持之以恒，职业旅行的开头几年必定艰辛，毕竟我们不是富二代，不是遗产继承人，背后没有金山银山可以任意挥霍。我们必须通过自己的努力获得多方认可，才能让自己的旅行事业良性循环起来。而这种认可一定是厚积薄发的过程，所以一定要坚持坚持再坚持。任何事坚持了十年，那本身就是一种无与伦比的美丽。

> **回答问题**
>
> 1. 什么是苦中作乐？
> 2. 喜新厌旧对旅行者意味着什么？
> 3. 为什么需要持之以恒？

职业道德：环保低碳，客观公正

环保低碳，在旅行中我们要做负责任的旅行者，不去破坏环境，尽量采用低碳的交通工具（比如自行车）旅行。

客观公正，旅行归来后，在撰写关于旅行的文章时一定要客观公正，不为外物所诱，如此职业生命力才能长久。

> **回答问题**
>
> 1. 怎样做到低碳环保？
> 2. 怎样做到客观公正？
> 3. 你在旅行时是怎么做到低碳环保的？

职业生涯规划：成为梦想的传递者

之前我把走遍世界作为职业的终极目标，但现在看来这种"走遍"多少显得有点儿荒诞可笑。在世界地图上进行插旗表演是没有任何意义的，除了满足自己的虚荣心，那其实无法感动任何人。

现在，我对职业生涯的规划是希望自己能够成为一个梦想的传递者。我从许多旅行家前辈那里获得了关于旅行的梦想，我想告诉走在

我身后的年轻人：自由与梦想，虽然看似遥不可及，但只要坚持，就不是空中楼阁。我希望自己能够成为一种介质，将关于旅行的梦想传递下去，年轻人，大胆地往前走吧，我在前面等着你。

我们不求走遍，但求走过，而且要把每一步都走得认真精彩。

> **回答问题**
>
> 1. 小鹏现在怎么看当初"走遍世界"的目标？
>
> 2. 小鹏怎么描述自由和梦想？
>
> 3. 小鹏现在的目标是什么？

职业信仰：发现爱，传递爱

回望十年旅程，在一些时间和空间，我曾获得过许多人的帮助；在另一些时间和空间，我也曾用心用力地去帮助别人。每一个旅行者都应该在旅行过程中发现爱，传递爱。因为love is a circle，帮助别人就是帮助自己。这应该成为每一个旅行者的信仰。

> **回答问题**
>
> 1. 每一个旅行者在旅行中应该做什么？为什么？
>
> 2. 你赞同小鹏的观点吗？

词语表 **Vocabulary**

1.	四海为家	sì hǎi wéi jiā	指四处漂泊流浪。
			这些年，我已经习惯了～的生活。
2.	追捧	zhuīpěng	动	本义为追求捧场，此处指喜欢、推崇。
			受到～／～明星
3.	兜转轮回	dōu zhuǎn lúnhuí	环绕、循环。
4.	露宿	lùsù	动	在室外或郊野住宿。
			～野外／风餐～
5.	视角	shìjiǎo	名	人眼对物体两端的张角。指看问题的角度。
			～独特／新的～
6.	筹码	chóumǎ	名	一种计算数目的用具，比喻可以用做谈判条件的本钱。
			以提供资金作为～。
7.	顶尖	dǐngjiān	形	达到最高水平的。
			～人物／～品牌
8.	底牌	dǐpái	名	扑克牌游戏中还没有亮出来的牌。比喻留着最后动用的力量或方法。
			一张～／亮～
9.	千篇一律	qiān piān yí lù	本指诗文公式化，后亦泛指事物形式呆板、雷同。含贬义。
			城市建筑～，缺少个性。
10.	喜新厌旧	xǐ xīn yàn jiù	喜欢新的，厌弃旧的。多指爱情不专一。
			据说他俩分手的原因是男的～。
11.	持之以恒	chí zhī yǐ héng	长久坚持下去。
			学外语一定要～。

| 12. | 色彩纷呈 | sècǎi fēn chéng | | 各种色彩纷纷在眼前呈现出来。 |
| | | | | 开满鲜花的草地~。 |

| 13. | 挥霍 | huīhuò | 动 | 任意花钱。 |
| | | | | ~无度/~钱财 |

| 14. | 厚积薄发 | hòu jī bó fā | | 多多积蓄，慢慢放出。形容只有充分准备才能办好事情。 |
| | | | | 学习是一个~的过程。 |

| 15. | 无与伦比 | wú yǔ lún bǐ | | 指事物非常完美，没有能与它相比的。 |
| | | | | 一代歌王的美妙歌喉~。 |

| 16. | 荒诞 | huāngdàn | 形 | 虚妄而不可信。 |
| | | | | ~故事/情节~ |

| 17. | 虚荣心 | xūróngxīn | 名 | 追求表面上光彩的心理。 |
| | | | | 满足~/ ~强 |

| 18. | 遥不可及 | yáo bù kě jí | | 距离很远，难以到达。 |
| | | | | 这个目标对我来说是~的。 |

| 19. | 空中楼阁 | kōng zhōng lóu gé | | 悬在半空中的阁楼。比喻虚幻的事物或脱离实际的空想。 |
| | | | | 这个计划是脱离实际的~。 |

| 20. | 介质 | jièzhì | 名 | 一种物质存在于另一种物质内部时，后者就是前者的介质。介质主要分为：气体、液体、固体。 |

| 21. | 信仰 | xìnyǎng | 动 | 对某种主张、主义、宗教极其相信和尊敬。 |
| | | | | 坚持~/ ~危机 |

注 释 Notes

1 这样的<u>背包客</u>生活，让多少人向往

背包客：指长途自助旅行的人，英语为 backpacker，中国人亦称其为旅友（"驴友"）。例如：

① 两位老人自称"花甲背包客"，自助旅行走了十多个国家。

② 在山顶，我们碰到了一位来自英国的背包客。

2 小鹏从一个经济学专业的<u>海归</u>，到成为一位职业旅行者，走过了十年的流浪路

海归：指那些出国留学后，又从海外归来的人，因为与动物"海龟"谐音，最初使用时有开玩笑的意味，现在已经成为一般的说法。例如：

① 这家公司希望招聘有留学经历的海归。

② 海归的外语水平就一定很高吗？未必。

3 所谓最幸福的工作就是不用<u>朝九晚五</u>，既没有领导也没有员工

朝九晚五：即早晨9点上班，下午5点下班。指必须按时上下班的工作方式，有别于自由职业。例如：

① 因为不喜欢朝九晚五的单调生活，王静辞职自己办了一家公司。

② 我这个人喜欢过稳定、有规律的日子，适合做朝九晚五的上班族。

4 毕竟我们不是<u>富二代</u>，不是遗产继承人，背后没有金山银山可以任意挥霍

富二代：指富人的儿女。跟这个说法类似的还有"官二代"、"星二代"等。例如：

① 富二代不见得个个都是只知道花父母的钱，也有自己创业的。

② 许多大明星的子女也进了娱乐圈，人们称他们"星二代"。

表达提示 Expression tip

谐音与表达的趣味性

　　谐音是汉语特有的一种修辞方法，利用词语同音不同义，可以一语双关，也可以使表达风趣幽默。如本篇课文中出现的说法：一起旅行的朋友是"旅友"，但被说成是"驴友"，让人联想到旅行者背着行囊辛苦走路的样子。称从海外留学归来的人为"海归"，

发音与爬行动物"海龟"相同，也产生了戏谑意味。充分利用这种方法，可以使你的汉语表达生动有趣。

 交际任务 Tasks

一 举办一场"人在旅途"的主题报告会，彼此分享旅行时的所见所闻、所思所想

活动建议：1. 推举一位旅行经验丰富、组织能力强的同学担任主持人，请参与报告的同学事先商量好各自的报告侧重点，如风土人情、特色美食、旅行感悟、途中趣闻等；

2. 可以参考课文及"相关阅读"中涉及的话题，尽量多使用新学的词语和表达方式。

二 介绍一位你佩服的旅行家或者讲一个你喜欢的旅行故事

介绍要求：1. 如果选择介绍一位自己佩服的旅行家，请先介绍有关这位旅行家的信息，如哪国人、主要经历等，然后说说为什么佩服他，最好讲1~2个有关他的故事；

2. 如果选择讲一个自己喜欢的旅行故事，请先叙述故事的主要情节，然后说说自己喜欢的理由；

3. 尽量多使用新学的词语和表达方式，建议参阅"相关阅读"的内容。

三 推荐一个你认为不错的旅行网站或者一本旅行手册

讲述要求：1. 介绍有关这个网站或这本旅行手册的基本信息；

2. 分析该网站或该手册的特点、你认为值得推荐的理由；

3. 尽量多使用新学的词语和表达方式，建议结合"词语练习"中的"词语归类"准备这个任务。

练习 Exercises

课文理解

一 "背包客"是一群什么样的人？

二 简单介绍小鹏的旅行经历

三 分别讲述作者对职业旅行家的旅行方式、需要具备的技能、素质、职业道德、信仰、职业规划等的看法

词语练习

一 词语归类：找出与旅行相关的词语（如"旅途"、"旅客"）

二 根据解释说出对应的词语

    1. 长途自助旅行的人——

    2. 事物形式陈旧呆板、雷同——

    3. 距离很远，难以到达——

    4. 比喻留着最后动用的力量或方法——

    5. 比喻可以用做谈判条件的本钱——

    6. 比喻虚幻的事物或脱离实际的空想——

    7. 指事物非常完美，没有能与它相比的——

    8. 长久坚持下去——

    9. 喜欢新的，厌弃旧的——

    10. 四处漂泊流浪——

三 词语填空

持之以恒　　喜新厌旧　　无与伦比　　空中楼阁　　四海为家

1. 2008年北京奥运会开幕式精彩纷呈，国际奥委会主席称赞其"（　　　　）"。

2. 你所描写的理想社会虽然非常美好，但那是脱离现实的（　　　　）。

3. 我早就向往（　　　　）的生活，想走遍天下名山大川。

4. （　　　　）是人类的普遍心理，如果不是不断有新的追求，人类怎么能够进步呢？

5. 老张说，他成为书法家的秘诀就是多年来每天练习，（　　　　）。

四 写出你所知道的汉语谐音词语，如"妻管严／气管炎"、"什么／神马"等。

成段表达

一 模仿例句，完成句子

1. 所谓最幸福的工作就是不用朝九晚五，既没有领导也没有员工，每天只做自己喜欢的事情，并能从中获益。

　　（1）所谓最理想的生活就是……，既……也（又）……。

　　（2）所谓最糟糕的状态就是……，既……也（又）……。

　　（3）所谓……，既……也（又）……。

2. 体验式旅行，是指在旅行过程中对所有从未见过、从未尝过、从未玩儿过的事物都去努力尝试。

　　（1）家庭式旅馆，是指……。

　　（2）产品三包，是指……。

　　（3）……，是指……。

3. 之前我把走遍世界作为职业的终极目标，但现在看来这种"走遍"多少显得有点儿荒诞可笑。

　　（1）之前我把考试得高分作为一个学期的最高目标，但现在……。

　　（2）之前妈妈觉得儿子说话做事儿还很幼稚，但现在……。

　　（3）之前……，但现在……。

4. 自由与梦想，虽然看似遥不可及，但只要坚持，就不是空中楼阁。

　　（1）脱颖而出，虽然看似不容易做到，但只要……，就……。

　　（2）四海为家，虽然看似……，但只要……，就……。

　　（3）……，虽然看似……，但只要……，就……。

二 串词成篇：用所给第一个词语作为话题，尽量使用所提供的其他词语编一个小故事

1. 持之以恒　不但……，而且……　　上瘾　戒
2. 无与伦比　既……又……　　　　　建筑　伟大
3. 喜新厌旧　虽然……，但是……　　观点　过时
4. 空中楼阁　一旦……，就……　　　梦想　失望

自由表达

一 各抒己见：人为什么要旅行？在家待着不也挺好吗？

二 讨论：怎样可以花最少的钱，去最多的地方？

三 有人说，旅行不必在乎最终的目的地，在乎的是沿途的风景以及看风景的心情。你觉得有道理吗？

相关阅读

（一）游记的两种写法

我觉得游记的写法可以分成两种。第一种写自己的故事，交代时间、地点、人物，吃了什么，干了什么。这种游记应该在旅途中完成，如果事后写，除非你有超强的记忆力，否则许多细节很快就会模糊。另一种游记是写别人的故事，当然，别人的故事还可以演变成艺术的故事、文化的故事、历史的故事。

对于自己的故事，我通常会在从A城到B城的交通工具上把在A城发生的故事写出来。对于别人的故事，则需要旅行回来后翻阅大量的资料才能写出来，其实这也延伸了我的旅行。我发现自己非常享受这种查资料写游记再反复修改的过程，我在每篇游记中投入的热情要远远大于写任何一篇经济学论文。有时为了查找一个典故的出处，我会耗费掉一下午的时间。

但无论在车上写还是回来写，其实都是在事后去写。我从来不会在旅行过程中掏出一个小本子记录。旅行者的认真不在于记录枯燥无聊的数字和年代，而在于相识相知的那份感动。

在这本书中我会写到许多人的故事。他们或者是伟大的艺术家，或者只是心怀梦想的小人物。我写他们的探索，他们的思考，他们的喜怒哀乐。他们一辈子可能只做了一件事情，但是做得轰轰烈烈。在他们的身上，我看到理想主义者散发出的光芒，那光芒也将我前方的路途照亮。

（二）自助旅行的语言问题

自助旅行，如何解决语言问题？对此我有三点经验：

首先英语一定要好，因为这是唯一通行世界的语言。许多国家在机场、车站、酒店等外国游客云集的地方，除了标明本国语言之外，还会用英语作出注释。另外还要有变通能力，就是通过肢体语言来猜测各种夹杂着浓重地方口音的英语。不过，旅行时跟人打交道无非就是问路、住宿，只要能把事情办妥，不是每句都能听懂倒也问题不大。另外，许多人觉得法国人傲慢，不喜欢讲英语，无法沟通。我有个窍门，就是你先用几句最简单的法语和他搭上话，然后再用英语继续交流，那他就会很乐意帮你的忙了。这个办法，我百试不爽。

不过英语纯熟只是基本条件，要想玩儿得更好，更舒服，最好再浅尝辄止地学几句当地语言。那浅到什么程度呢？我觉得每种语言只要能听会说四句话就足够。这四句话是："你好"、"谢谢"、"对不起"、"再见"。可千万别小看这简单的四句话，它们占了我们日常生活对话量的一半。

当你问路时，如果首先用对方的语言说一句"你好"，人家就会觉得亲切，愿意停下来耐心指引；当别人帮你的时候，说一句"谢谢"，人家就会很高兴；当你不小心妨碍了别人时，说一句"对不起"，误会就会迎刃而解。当你办完事儿跟人家道别时，如果大声地用对方的语言说"再见"，也一定会在对方的心中留下一个很好的印象。

那怎么学，去哪里学呢？其实不用提前很久学习，只要在去那个国家的交通工具上，主动向坐在你身边的当地人请教，他们多半会乐意帮助你。你可以用这种方式学到比较纯正的当地语言，而对于他们来说，帮助一个外国人学说自己的语言，也是件有趣的事情，顺便还打发了无聊的乘车时间，一举两得，何乐而不为？

如果把英语比做基本武器，把浅尝辄止地突击学习其他语言比做秘密武器，那自助旅行者的终极武器就是微笑了。千万别小看一张笑脸，它可以让人们从陌生到熟悉，从而拉近人与人之间的距离。出门在外，如果你脸上一直挂着真诚的微笑，旅行一定会畅通无阻。我在希腊认识了一个韩国朋友，这哥们儿已经一个人走遍了欧洲。让我吃惊的是他居然一句英语也不会讲，当然更不用说其他语言了。我想他已经掌握了我所说的终极武器，因为我看到他的脸上始终洋溢着微笑。

（选自小鹏《背包十年》）

说一说：1. 你认为写游记最重要的是什么？

2. 你在旅行时是怎么解决语言问题的？

3. 你相信向陌生人微笑是沟通的"终极武器"吗？

摄影问答

课文 Text

话题背景

照相，是我们生活中一件十分普通的事情。很多人只是用它来记录一些重要的瞬间，或者值得纪念的风景、人物；也有很多人把摄影看成是一种艺术创作，希望从镜头中的世界去发现、创造、欣赏美。某摄影网站应网友们的要求，请来了著名摄影家李先生，与几位初学摄影的爱好者进行现场问答，讨论有关摄影构图的基本问题。

参与问答的人物：讲座主持人

　　　　　　　著名摄影家李先生

　　　　　　　摄影爱好者江女士、阿涛、张小姐

主持人：李老师好！大家好！

随着数码相机的出现和生活水平的提高，摄影越来越成为一种普遍的爱好。在有好风景的地方不难看到：数码卡片相机几乎是人手一个，数码单反相机也不算稀罕。但是不是所有手持相机的人都了解摄影基本知识呢？根

据我的观察，不见得。瞎拍的还真不在少数。

今天我们有幸请到了著名摄影家李先生，跟大家聊聊大家感兴趣的问题，让我们鼓掌欢迎！

李先生：主持人好！大家好！很高兴见到这么多同道中人！我先问一个问题：你们开始喜欢摄影以后，最初做了哪些事情？

江女士：第一步当然是购置相机，然后就是向别人请教如何使用，了解光圈、快门的作用是什么，如何正确操作等。

李先生：有没有系统地读过一本摄影入门之类的书？了解摄影最基本的问题？

阿　涛：零零碎碎读过一点儿，但对怎么构图、用光这些事还是一知半解。不好意思，今天能不能请您从最基本的知识讲起？

李先生：我一个人长篇大论地讲可能会比较枯燥。这样好不好，大家先提问题，我来回答，然后我们一起来分析照片。

主持人：这样应该更有意思，也更有针对性。那咱们就开始吧。

回答问题

1. 李先生怎么称呼在座的摄影爱好者？为什么？

2. 江女士在最初阶段做了哪些事情？她现在希望了解什么？

3. 李先生打算用什么样的方式与大家交流？

主持人：李老师，在确定摄影主题之后，您认为应该最先考虑的是什么？

李先生：构图。一切从构图开始。

主持人：那我们今天就从构图说起。谁来解释一下什么叫构图？

阿　涛：我试着回答一下：就是指按正确的方式去安排画面吧？

李先生：是这个意思。确切地说，是通过镜头，将镜头视野中的视觉元素按审美规律去安排。

江女士：对不起，您是否可以说得通俗一些？

李先生：审美规律最基本的属性就是秩序性。好的构图就是排除杂乱，找到秩序。

江女士：构图由哪些要素构成呢？请您具体讲讲。

李先生：总的来说，有四个基本要素：突出主体、均衡、比例、节奏。

江女士：您能将这四个要素分别讲解一下吗？

李先生：好的。我先讲讲如何突出主体。拍照时，取景框中会有许多视觉元素，其中最吸引你的部分就是这张照片的主体，如何安排好主体在画面中的位置，是首先需要考虑的。

江女士：强调主体有哪些方法呢？

李先生：有很多方法。可以把主体放在画面显著的位置，比如说放在最中央。但放在中央比较呆板，缺少变化。不妨运用三分法，将主体放在距离画面左侧或右侧三分之一的地方。

阿　涛:您说的第二个要素"均衡"怎么理解?

李先生:视觉元素都是有重量的,视觉重量在画面上形成的结构
　　　　能够产生稳定、匀称、宁静的美感,就是均衡。

阿　涛:您说的视觉重量应该怎么判断?

李先生:视觉重量是一种"心理重量",又称"重量感"。重量
　　　　感有两种,一种是内容量感,即事物本身引起的感觉,
　　　　比如我们看到羽毛就会觉得轻,看到铁锤就会觉得重。
　　　　二是形式量感,指那种来自构图因素的量感。照片上不
　　　　同面积、不同色彩、不同形状都会产生不同的形式量
　　　　感。面积大,量感大;相同面积的,暗色大于亮色,深
　　　　色大于浅色;形状规整的大于不规整的。

主持人:这个问题,等一会儿李老师会结合照片再给大家详细
　　　　讲解。

阿　涛:我还有一个小问题:是不是照片的构图一定要均衡,不
　　　　均衡就是不好的构图?

李先生:均衡是古老的审美准则。不均衡会产生倾斜感。有些现
　　　　代艺术作品为了表达一种不安、躁动的情绪,有意打破

均衡，现在人们越来越能接受不均衡的审美形态了。

阿　涛：这也就是说，是否追求均衡，要看你想表达什么，
　　　　是吗？

李先生：对。

回答问题

1. 什么是构图中的均衡？均衡会产生什么样的美感？

2. 视觉重量是真实的重量吗？分几种？

3. 你喜欢均衡的作品还是不均衡的作品？

张小姐：我记得构图的第三个要素是比例，对吗？

李先生：没错儿。比例是指被拍摄景物之间部分与整体的关系。
　　　　刚才讲到的三分法，实际上就是一种比例关系。

张小姐：教科书上说，按照三分法，将拍摄主体放在画面的黄金
　　　　分割点上，比例优美，能够吸引人的视线。

李先生：通常是这样安排画面比例的，不过，也不能过于公式化
　　　　地理解，否则就会千篇一律，显得呆板、毫无生气。重
　　　　要的还是你想表达什么。有一次，空中的白云非常吸引
　　　　我，而且引发了我对历史风云变化的联想，于是在那张
　　　　照片上天空占了将近五分之四。

张小姐：看来比例的作用不只是让画面悦目，还能准确表达作者
　　　　的感情、感觉。

主持人： 说来惭愧，我至今没搞明白构图的最后一个要素——节奏是怎么回事儿。

李先生： 节奏这个概念最初来源于音乐，是指在时间的流动中有间隔的秩序，后来被引入平面造型艺术中。当人们看照片时，画面上的线条、色彩等能使人的视线在观看的过程中按照一定规律发生间歇性的变化，我们就称这种画面的形式结构为"节奏"。

主持人： 我好像还是没弄清楚。可能因为我是个乐盲，要不就是我太笨。大家明白了吗？

众网友： 不好意思，我们也不大明白。可能还是得看着具体的照片讲，那样会比较容易理解。

李先生： 下一个环节就是看照片进行具体分析了。

主持人：其实，跟摄影有关的要素还有很多，跟构图同样重要的还有光线、色彩等。另外，如何培养自己的观察能力，练就一双"摄影眼"，如何得心应手地使用摄影器材，都有非常丰富的内容需要了解。这些话题今后有机会再继续请李老师开讲吧。

回答问题

1. 主持人说还有哪些重要内容需要了解？
2. 你有没有希望得到指点的摄影问题？

（选自李少白、何星、张震《提问李少白：摄影家的思考与创作》）

词语表 Vocabulary

1.	人手一个	rén shǒu yí gè	每人手里都有一个，形容多。
			笔记本电脑已经普及了，几乎~。
2.	稀罕	xīhan	形 稀奇，少有。
			~物/真~
3.	同道中人	tóng dào zhōng rén	形容意见或志趣相同并且可以共事的人。
			都是~，彼此容易沟通。
4.	光圈	guāngquān	名 用来控制光线进入相机光量的装置，英文为aperture。
			大~/~优先
5.	快门	kuàimén	名 控制相机曝光时间的装置，英文为shutter。
			~速度/按~

6.	零零碎碎	líng líng suì suì		细碎的事物。形容不完整。
				~的念头/到处都是~的东西
7.	一知半解	yì zhī bàn jiě		知道得不全面，理解得也不透彻。
				对~的事情，不要瞎说。
8.	长篇大论	cháng piān dà lùn		滔滔不绝的长篇言论或长篇文章。
				我不喜欢听~，简洁明了最好。
9.	枯燥	kūzào	形	单调，没有趣味。
				~无聊/内容~
10.	视野	shìyě	名	视力所及的范围。
				~开阔/扩大~
11.	元素	yuánsù	名	此处指构成事物的组成部分。
				~符号/艺术~
12.	审美	shěnměi	动	欣赏、领会事物或艺术品的美。
				~价值/~观
13.	属性	shǔxìng	名	事物本身所固有的性质。
				~特征/本质~
14.	要素	yàosù	名	构成事物的必要因素。
				语言~/精神~
15.	显著	xiǎnzhù	形	明显，引人注目。
				~地位/特征~
16.	呆板	dāibǎn	形	死板，不灵活。
				~的表情/表现~
17.	匀称	yúnchèn	形	均匀，比例和谐。
				身材~/~的布局
18.	躁动	zàodòng	动	因急躁而活动。
				~的心情/~不安
19.	公式化	gōngshìhuà	动	指死板地套用固定模式。
				~是艺术创作的大忌。
20.	悦目	yuèmù	形	好看。
				赏心~/十分~

21.	间歇	*jiànxiē*	动	动作、变化等每隔一定时间停止一会儿。
				~脉搏
22.	乐盲	*yuèmáng*	名	指对音乐一无所知的人。可以用"……盲"指在某方面一无所知。
				文~/画~
23.	得心应手	*dé xīn yìng shǒu*		心里怎么想，手上就能怎么做。形容运用自如。
				熟练了之后，做起来就~了。

注 释 Notes

1 但是不是所有手持相机的人都了解摄影基本知识呢？根据我的观察，<u>不见得</u>。瞎拍的人还真不在少数

不见得：表示事实和某种说法或想法不完全一致。在交谈中可以用来否定对方的看法，口气比较委婉。例如：

① 谁说婚姻是爱情的坟墓？我看不见得。

② 甲：买东西还是去实体店放心，看得见，摸得着，不容易上当。

　　乙：不见得吧，口碑好的购物网站很讲诚信，实体店也有骗人的。

2 我一个人长篇大论地讲可能会比较枯燥。<u>这样好不好</u>，大家先提问题，我来回答，然后我们一起来分析照片

这样好不好：插入语，用于征询对方的意见，接下去说出自己的建议。这种征询方式口气比较委婉、客气。例如：

① 如果你不想出门，这样好不好，我下班以后顺路给你带点儿吃的回去。

② 大家都希望见见马先生？那这样好不好，我们邀请他来学校演讲。

3 另外，如何培养自己的观察能力，<u>练就</u>一双"摄影眼"，如何得心应手地使用摄影器材，都有非常丰富的内容需要了解

练就：指经过训练掌握某种本领，取得某种成就。例如：

① 苦学三年，小张练就一笔好字。

② 离开父母独立生活，现在我已经练就了洗衣做饭的全套本领。

专有名词 **Proper Nouns**

1.	黄金分割	Huángjīn Fēngē	"黄金分割"（Golden Section）是一种数学上的比例关系，比值为1.618:1，被认为是最美的比例形式。

2.	三分法	Sānfēn Fǎ	三分法是黄金分割的基本表现形式，具体说，就是在画面水平方向的1/3、2/3处画两条水平线，在垂直方向的1/3、2/3处画两条垂直线，这四条线产生的四个交点即黄金分割点。对于摄影构图而言，将被拍摄的对象放在黄金分割点上，画面更生动、自然，更能吸引注意力。（见下图）

黄金分割点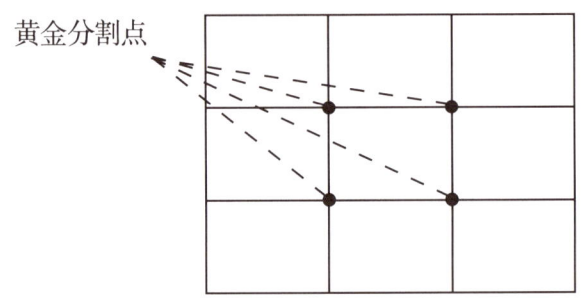

3.	数码单反	Shùmǎ Dānfǎn	数码单镜头反光相机的简称，英文缩写为DSLR。

表达提示 Expression tip

征询方式与表达的委婉性

当我们与别人交谈时，常常会有没听明白的地方，但直接提问又担心不够礼貌；而当我们向别人提出自己的想法、建议之前，也会顾虑对方是否愿意接受。如果希望既能明确地表达意见，同时又不至于引起对方不快，就可以通过一些礼貌的方法，使自己的表达委婉、客气一些。

提问时若想使口气委婉，比较常用的方法是用表达歉意、客气的用语开头，比如"对不起"、"不好意思"等。向别人提建议时，除了用"不妨……"、"您可以考虑……"等说法，还可以多用征询的口气，如"这样好不好，……"、"能否……"等。学习本课课文时，请注意李先生和听众们征询对方意见的表达方式。

交际任务 Tasks

一 展示"我的摄影得意之作"，讲述有关的故事、经历

　　讲述要求：1. 尽量使用所学的摄影术语；

　　　　　　　2. 讲的故事或经历生动有趣，不枯燥，可以参考"相关阅读"（一）。

二 举办班级摄影俱乐部讲座

　　活动要求：1. 请一位爱好摄影的同学担任主讲人，主讲人可以事先了解同学们对哪些问题感兴趣，比如课文中提到、但没有讨论的如何用光、如何选择色彩、如何培养观察能力、如何选择器材等，作好准备，可以参考"相关阅读"（二）；

　　　　　　　2. 其他同学可以带来自己拍的照片，准确、有礼貌地提问，请主讲人点评并提出建议。

三 创作一个"图片故事"

　　　　2~3人组成一个小组，选择一个主题：如我的家、我居住的城市、附近的公园、我的朋友、我的同屋……拍5~6张照片，然后讲述拍摄过程和体会。

　　活动要求：1. 拍摄的照片要突出主体、构图均衡、比例合理、有美感；

　　　　　　　2. 讲述拍摄过程和体会时多用摄影术语和生动有趣的语言。

练 习 Exercises

课文理解

一　简要概括本课的话题

二　简要叙述摄影构图的基本问题

三　试试分析人们拍照或看照片时不同的审美心理

词语练习

一　词语归类：找出与摄影有关的词语（除了课文，还可以从"相关阅读"中找）

二　根据解释说出对应的词语

　　1. 滔滔不绝的长篇言论或长篇文章——

　　2. 每人手里都有一个，形容多——

　　3. 心里怎么想，手上就能怎么做。形容运用自如——

　　4. 死板地套用固定模式——

　　5. 对音乐一无所知的人——

　　6. 知道得不全面，理解得也不透彻——

　　7. 形容意见或志趣相同并且可以共事的人——

　　8. 细碎的事物。形容不完整——

　　9. 单调，没有趣味——

　10. 形容稀奇，少有——

三　选词填空

　　（一）视觉　　视野　　视线

　1. 照相机镜头中的（　　　　）是很有限的。

　2. 绘画是一种（　　　　）艺术。

　3. 老人的（　　　　）落在了那台数码单反相机上。

　　（二）均衡　　平衡　　衡量

　1. 很多人习惯于用赚钱多少来（　　　　）一个人是否成功。

　2. 我觉得结构（　　　　）的画面看起来比较舒服。

　3. 喜欢嫉妒的人，听到别人成功心里就不（　　　　）。

　　（三）干燥　　烦躁　　枯燥

　1. 这个老师口才很好，能把很（　　　　）的内容讲得生动有趣。

　2. 因为天气（　　　　），最近多处发生森林火灾。

　3. 因为找工作不顺利，心里一直很（　　　　）。

　　（四）通俗　　庸俗　　习俗

　1. 你怎么会喜欢这么（　　　　）无聊的事情？

2. 在南方生活了几年，我了解了不少当地的生活（　　　　）。

3. 这本书写得很（　　　　），只要不是文盲，都能看得懂。

成段表达

一　模仿例句，完成句子

1. 但是不是所有手持相机的人都了解摄影基本知识呢？根据我的观察，不见得。瞎拍的还真不在少数。

　　（1）是不是所有恋人都了解对方呢？根据我的观察，……。

　　（2）是不是每个人都清楚自己真正想要什么呢？……。

　　（3）是不是任何一本书都能让你"开卷有益"呢？……。

2. 我一个人长篇大论地讲可能会比较枯燥。这样好不好，大家先提问题，我来回答，然后我们一起来分析照片。

　　（1）每次都用同样的方法可能会比较枯燥。这样好不好，……。

　　（2）只听一个人说可能会比较片面。这样好不好，……。

　　（3）所有的事情都由老师决定不一定公平。这样好不好，……。

3. 不妨运用三分法，将主体放在距离画面左侧或右侧三分之一的地方。

　　（1）不妨运用比较法，将你的观点与……。

　　（2）不妨使用投票的方法，决定……。

　　（3）不妨采用……的方法，……。

4. 这也就是说，是否追求均衡，要看你想表达什么，是吗？

　　（1）这也就是说，是否选择出国留学，……。

　　（2）这也就是说，是不是要帮助别人，……。

　　（3）这也就是说，爱不爱这个人，……。

5. 说来惭愧，我至今没搞明白构图的最后一个要素——节奏是怎么回事儿。

　　（1）说来惭愧，我至今还没学会……。

　　（2）说来丢人，我一直不知道……。

（3）说来好笑，我到现在还分不清……。

二 完成对话

1. A：不好意思，您能解释一下黄金分割点的概念吗？

B：_____。

2. A：对不起，能不能请您讲得通俗一点儿？

B：_____。

3. A：_____。

B：有一本书可以解决你的问题，这样好不好，你把这本书的书名记下来？

4. A：_____。

B：可能我讲话的声音太小，那我再重复一遍吧。

三 串词成篇：用所给第一个词语作为话题，尽量使用所提供的其他词语编一个小故事

1. 一知半解　　乐盲　　不妨……
2. 千篇一律　　枯燥　　不仅……，而且……
3. 同道中人　　稀罕　　不是……，就是……

自由表达

一 看图说话：选择一张摄影名家名作，说说与它有关的典故及自己欣赏时的感悟

二 讨论：什么样的爱好能让人如痴如醉？

三 续讲故事

1. 我今年的生日礼物是一台照相机，……。
2. 看中学时代的相册，我想起了……。
3. 上个周末天气很好，我背着摄影器材，……。
4. 有人说，摄影是等待的艺术。有一次，……。

相关阅读

（一）我的摄影之途

2003年，我通过海外招聘来到日本工作。第一次到异国他乡独立生活，父母的担心是可想而知的。为了让他们放心，也为了记录自己的生活历程，我安顿下来以后，立刻冲到电器店买了一个带摄影、摄像功能的手机。小小的手机将我生活中的点点滴滴写成文字，拍摄成豆腐干大小的照片发送到大海的彼岸。

我拍摄的最早期"作品"是日本的新"家"。当时兴致勃勃地拍分门的厕所和浴室（中国的厕所和浴室是在一起的），没有任何家具的空荡荡的房间（在中国租房子一般都带家具），铺在地板上的被褥（床还没有送来），暂时当做桌子的纸板箱和箱子上的梳妆镜，还有镜子里笑得很开心的我。

现在回想起来，当初这些傻傻的照片，让父母看了或许会心酸，反而更为我担心。不过，连我自己也没有想到，就是这部仅有30万像素的手机相机，为我开启了数码摄影之门，让我义无反顾地踏上了摄影的旅途。

2004年春，去京都赏花的前夜，想到花不等人花自谢，想到明年的今朝不知自己是否还能再去京都，于是咬咬牙买下了第一台数码卡片机。一年后，同样的时期，同样的理由，我又咬咬牙买下了第一台数码单反。在开往京都的夜行巴士上，就着昏暗的灯光，我一边翻阅使用手册，一边东拧一下、西按一下地熟悉机器。

如醉如痴地到处走到处拍，我逐渐意识到有一种新鲜的意识在体内萌动——"绝对视感"。可能大家在动画片《名侦探柯南》里听到过"绝对音感"这个词语，所谓"绝对音感"，就是能准确听出生活中的任何声音，并且能用音乐将其表现出来的能力。"绝对视感"这个说法是我自己造的，就是指能将跃入眼帘的任何事物用独特的审美视角进行构图截取，并能敏锐感觉周边事物的一种视觉能力。

无论是阳光普照还是阴雨绵绵，无论是游走在繁华闹市、倚坐在摇晃的车厢，或是漫步在乡间小路，我都可以从一花一草、蓝天白云、人们的笑颜、不经意的动作中发现美丽、喜悦和感动。正是这些美丽、喜悦、感动让我心动，让我目不转睛，让我在任何时间、任何地点都能不断按下快门。我常和朋友们开玩笑说，如果"秀色"真的"可餐"，我一定是个超级大胖子。

尽管摄影最终大多以平面视觉的形式展现在人们的面前，然而拍摄者所面对的、所处的是立体空间环境，需要用视觉、听觉、嗅觉、味觉、触觉，甚至包括第六感在内的所有感官去感知。所以除了自己拍，更多的其实是在看，是在听，是在交流，是在思考。虽然未曾走进过任何摄影专业的课堂，但我的"老师"无所不在。美妙绝伦的大自然、令人惊叹的人文景观、朴实无华的街头巷尾……与朋友、与街坊邻居、与途中偶遇的旅伴的交谈，都时不时会给我启发，令我有所感悟。

关于拍摄对象，我并不算挑剔。因为任何事物都有亮点，需要的只是发现的眼睛。我比较喜欢的拍摄对象是"动"和"偶然"。"动"则灵，灵则有气，有气则有生命力。"偶然"则是意外的欣喜，是瞬间的交汇与碰撞，是可遇而不可求。数码时代，通过使用各种软件进行加工，可以得到只有想不到，没有做不到的效果。而我追求的是"极致的简洁"，快门一按下去就是一幅作品，不做合成，构思更是力求"简洁到极致"。

对于器材，我还不够发烧。因为每一台相机，每一个镜头都有各自不同的优缺点。如何充分地运用其长处，如何在有限的条件下拍摄出最精彩的作品，并且最大限度地融入自己对事物的诠释和思考，对我来说更为重要。这也是我摄影的乐趣之一。

数码相机给我带来了无数珍贵的体验和不同的发现，同时我也坚持用"超顶极相机"——由眼睛和大脑构成的"与生俱来的相机"进行拍摄和记录。随着岁月的流逝，我对摄影的理解、拍摄方式和表现手法都在不断地变化，唯一没有变的是这"绝对视感"，以及对所有成为我镜头里永恒瞬间的人与事的衷心感谢。

咔嚓一声，记录下的是一份缘、一缕情。手持相机游走四方的你我或许会擦肩而过，或许会驻足交谈，这些，不也是一种机缘？只要好好儿珍惜生活中点点滴滴的"缘"，在不知不觉中，"绝对视感"会为你我打开未知的大门，带领你我发现崭新的世界。

（选自张颖《用"绝对视感"感受人生、感悟世界》，载《咔啪》）

说一说：1. 简要说一说作者爱上摄影的经历。

2. 你身处异国他乡时，有没有跟作者相近的经历和感受？

（二）一个摄影器材发烧友的世界

朱先生是一家著名电视台的节目主持人，这位名嘴还有另一个身份——摄影器材发烧友，人称"器材狂人"。

朱先生在圈内以美能达的铁杆粉丝自居，并凭借海量收藏闻名江湖。玩儿摄影的朋友都知道，要想对一个相机甚至镜头做到精通，需要花费很大力气。而朱先生的收藏队伍却异常庞大，在鼎盛时期竟然有20个相机，40个镜头！

听朱先生回顾自己近10年的器材发烧经历，真可谓是一场妙趣横生的淘宝之旅。看看他那让人叹为观止的器材清单，想必一定会让很多人艳羡不已。

不过，对于一个拥有庞大器材队伍的发烧友而言，每次出门拍摄挑选什么装备成了很纠结的事情。朱先生直言，面对诸多爱机时的痛苦抉择，就如同女人出门前不知道穿哪身衣服一样。根据出行的目的，他会预测可能捕捉到的画面，进而决定要携带什么装备。"尽管大多数时候的预测都是徒劳的，但是我很享受这个过程。"

对摄影，朱先生有很多独到的见解。在他看来，摄影之所以让这么多人着迷，原因之一就在于入门极其简单，只要买台相机就可以了。而一些新机型的出现，不仅进一步降低了门槛，更极大地增加了玩家的乐趣。

朱先生认为，摄影能给人一种在繁杂的现实中无法体会到的既真实、又虚幻的成就感，再加上网络这一虚拟空间，更放大了这种成就感。他说，所谓"决定性的瞬间"的概念不适合向初学者推广。对于广大摄影爱好者而言，最重要的一点是"用自己的态度去拍照、去生活"，用镜头捕捉到生活中的种种感动，表达出自己的真实感受，享受到摄影的乐趣，"让自己满意"。

为好友们拍一组纪实照片，是朱先生目前最想做的事儿。之所以会有这样的想法，很大程度上是受了国外摄影画册的影响。通过镜头记录下身边好友的点点滴滴，数年后再一起分享，一定是人生一大趣事。看别人日常生活的影像，尤其是自己熟悉的人，也是一种人与人之间沟通情感的方式。

（选自《朱轶大话摄影——走进器材狂人的影像世界》，载《咔啪》）

说一说：1. 请描述一下朱先生对摄影器材的"发烧"状态。

2. 朱先生对摄影有哪些独到见解？你觉得他说得有道理吗？

头脑风暴

课文 Text

话题背景

近年来，"头脑风暴"这个名称越来越频繁地出现在我们生活中。有人简单地将它等同于开会讨论出主意。其实，作为一种培养创造性思维的训练方法，它有一整套规则和操作程序。

主持人： 李教授，您好！最近很多媒体都在谈论"头脑风暴"，您是这方面的专家，今天希望您能和观众朋友谈谈这个话题。

李教授： 专家不敢当，我只是对这方面关注得早一点儿而已。很愿意跟大家分享我的体会。

主持人： "头脑风暴"这个说法最近几年在国内很流行，它是一种新创的理论吗？

李教授： 其实不是。这个概念是1938年由美国学者阿历克斯·奥斯本首次提出的。英文是Brainstorming，本来指精神病患者头脑中短时间思维紊乱，病人会产生大量的胡思乱想的现象。奥斯本借用这个概念来比喻思维高度活跃，打破常规的思维方式而产生大量创造性设想的状况。后来应用这个概念，形成了一套训练创造能力的方法，叫头脑风暴法，又被称为智力激励法。

回答问题

1. "头脑风暴"的本义是什么？比喻义是什么？
2. 现在用这个概念指什么？

主持人：这种激励方法有哪些好处？

李教授：很多。主要是激发人的创造性思维，产生创意，想出解决问题的好点子。

主持人：真有意思！我觉得我迫切需要提高创造力，您能现在就训练一下我吗？

李教授：头脑风暴法通常是一种集体训练方法。由一定的人数组成一个小组，全体成员聚集在一起，每个成员都毫无顾忌地表达自己的想法，让各种设想相互碰撞，在碰撞中激发大脑里的创造性风暴。您一个人还真没法儿训练。

主持人：那我先去招兵买马吧。一个小组需要多少人呢？

李教授：一般是10个人左右。人数太少不利于交流信息和激发思维，人数太多也不行，一是活动不容易控制，二是每个人发言的机会减少，会影响气氛。

主持人：我们节目组正好10个人。领导说我们这个栏目名称不够

吸引人，需要改，大家都想不出什么高招儿，正发愁呢，我们能不能"头脑风暴"一下？

李教授：完全可以。头脑风暴适合于解决那些比较简单、严格确定的问题，比如研究产品名称、广告口号、销售方法、产品的多样化研究等，以及需要大量的构思、创意的行业，如广告业。

> **回答问题**
>
> 1. 头脑风暴激励法主要有什么好处？
> 2. 李教授为什么说不能现在就训练主持人？
> 3. 为什么训练小组10个人左右比较合适？
> 4. 头脑风暴法适合于解决哪些问题？

主持人：我们具体应该怎么做？

李教授：头脑风暴法的有效性是通过一定的讨论程序和规则保证的，所以程序非常重要。具体说有以下几个关键环节：第一个环节是确定议题。一个好的头脑风暴法是从准确说明问题开始的。必须在会前确定目标，使与会者明确通过这次会议要解决什么问题，同时不要限制提出解决方案的范围。一般来说，比较具体的议题能使与会者较快产生设想，比较抽象和宏观的议题引发设想的时间会长一些，但设想的创造性可能比较强。

主持人：那第二个环节呢？

李教授：第二个环节是会前准备。如果搜集一些资料，帮助与会者了解与议题有关的背景信息和最新动态，对提高设想的质量会很有用。会场环境也是一个要考虑的因素。座位排成圆形往往比秧田式更利于交流。还有就是可以在会议正式开始之前，出一些创造力测验题让大家做，能活跃气氛，促进思维。

主持人： 接下来是不是就可以正式开始了？

李教授： 还有第三个环节：需要确定人选并明确分工。人数要控制在10个左右，这一点刚才已经说了。还要推举一名主持人，一到两名记录员。主持人的作用是在会议开始时重申讨论的议题和纪律，在会议过程中启发引导与会者思考，归纳发言要点，活跃会场气氛等，当然，也要提出自己的设想。记录员需要把与会者提出的所有设想都记录下来，并及时编号，最好写在黑板上的醒目之处。记录员也应该随时提出自己的设想，切忌成为旁观者。

主持人： 我想还有第四个环节吧？

李教授： 对。还要规定纪律。头脑风暴法的纪律首先是要求与会者集中注意力，积极投入，不消极旁观；不私下议论，以免影响他人思考；发言要开门见山，针对议题，不必客套，不必作过多解释；与会者互相尊重，切忌褒贬他人。有句名言说：没有任何一个创意是愚蠢的。

回答问题

1. 头脑风暴法的有效性靠什么保证？

2. 头脑风暴法有几个关键环节？

3. 如何确定议题？

4. 如何作会前准备？什么样的环境有利于交流？

5. 小组成员如何分工？

6. 头脑风暴法有哪些纪律？

主持人：对会议时间有什么要求吗？

李教授：会议时间由主持人掌握，不一定限死。一位美国专家经过研究，认为会议时间安排在30分钟到45分钟比较合适。时间太短与会者难以畅所欲言，时间太长则容易产生疲劳感，影响效果。

主持人：除了程序上的保证以外，还有其他要注意的问题吗？

李教授：探讨方式也非常重要。概括地说，就是要保证与会者的交流是非评价性的、无偏见的、充分的。

主持人：哦，您能说得具体一些吗？

李教授：可以归纳为以下几点：第一，自由畅谈。不受任何条条框框的限制，提倡从不同角度、不同层次大胆想象，尽可能标新立异，与众不同，让思维自由驰骋，让自己的想法具有独创性。第二，延迟评判。一方面是为了防止评判约束与会者的积极思维，破坏自由畅谈的有利气氛；另一方面是为了集中精力先开发设想，避免把应该在后阶段做的工作提前进行，影响创造性设想的大量产生。第三，禁止批评。这是头脑风暴法应该遵循的一个重要原则。因为批评对创造性思维会产生抑制作用。包括自我批评，也在禁止之列。有些人习惯自谦，这同样会破坏会场气氛，影响自由畅想。第四，追求数量。追求数量是头脑风暴法的首要任务。每个与会者都要抓紧时间多思考，多提设想。至于设想的质量问题，自可留到会后的设想处理阶段去解决。

回答问题

1. 会议时间多长比较合适？过长或过短可能产生什么问题？
2. 对探讨方式有哪些要求？
3. 怎样才叫"自由畅谈"？
4. 为什么不能立即评判？
5. 批评对创造性思维会产生什么影响？

主持人： 这样的会议会产生大量的独创性设想，怎么处理这些设想呢？

李教授： 应该说，头脑风暴畅谈会结束时，任务只完成了一半。更重要的是对已经获得的设想进行整理和分析，以便选出其中有价值的创造性设想加以开发实施，所以，还要有会后的"设想处理"。

主持人： 处理方式复杂不复杂？

李教授：复杂倒不复杂，但需要及时、细致地去做。通常把设想处理放在会议次日进行。处理方式有两种，一种是专家评审，另一种是二次会议评审，即由与会的参加者共同举行第二次会议，集体进行设想的评价处理工作。

主持人：谢谢您！您最后想对观众说点儿什么？

李教授：头脑风暴提供了一种有效的、就特定主题进行创造性沟通的方式，无论讨论学术性问题还是解决日常事务，都有借鉴价值。要提醒的是，在遵循以上所说的程序和规则的同时，不必过于拘泥特定的形式，因为头脑风暴法的运用是灵活多样的，完全可以根据与会者的情况和当时、当地的条件有所变化，有所创新。

主持人：今天我们大家都受益匪浅，让我们再次感谢李教授的精彩讲座！

回答问题

1. 什么是会后的"设想处理"？
2. 头脑风暴是一种什么样的沟通方式？
3. 李教授提醒观众要注意什么？

词语表 Vocabulary

1.	分享	fēnxiǎng	动	与他人共同享受。
				~快乐/与他人~

2.	紊乱	wěnluàn	形	杂乱，纷乱。
				头绪~/精神~

3.	胡思乱想	hú sī luàn xiǎng		指没有根据、不切实际地瞎想。
				不会有危险的，你别~。

4.	点子	diǎnzi	名	主意，办法。口语。
				~多/出~

5.	顾忌	gùjì	动	因担心对人或事不利而有顾虑。
				~太多/没有~

6.	招兵买马	zhāo bīng mǎi mǎ		比喻扩大组织或扩充人员。
				合唱队要扩大，得登广告~。

7.	招儿	zhāor	名	办法，手段。口语。
				妙~/支~

8.	创意	chuàngyì	名	有创造性的想法、构思等。
				~独特/没有~

9.	醒目	xǐngmù	形	显明突出，引人注意。
				~之处/颜色~

10.	切忌	qièjì	动	务必避免。
				过年~说不吉利的话。

11.	畅所欲言	chàng suǒ yù yán		痛痛快快说出心里要说的话。
				对这个安排大家可以~。

12.	条条框框	tiáotiáo kuàngkuàng		固定的、不能变通的条例规定。
				~的束缚/打破~

13.	标新立异	biāo xīn lì yì		指提出新的主张、见解或创造出新奇的样式。
				~是有创造性的表现。

14.	驰骋	chíchěng	动	骑马奔跑。
				~千里/纵情~
15.	延迟	yánchí	动	推迟。
				~一小时/~处理
16.	借鉴	jièjiàn	动	吸取经验或教训。
				~经验/大胆~
17.	遵循	zūnxún	动	遵从，依照。
				~惯例/始终~
18.	拘泥	jūnì	动	固执成见而不知变通。
				~常规/不必~
19.	受益匪浅	shòu yì fěi qiǎn		得到的好处不少，即有很大的收获。
				您的课让我~。

专有名词 Proper Noun

秧田式	Yāngtián Shì	一种座位排列形式，将座位横向排列，排成多行，形状如秧田。(见下图)

注 释 Notes

1 专家**不敢当**，我只是对这方面关注得早一点儿而已

不敢当：客套话。表示自己的水平、能力等承受不了对方给予的名称或待遇。例如：

① 摄影家我可不敢当，我只是个业余爱好者而已。

② 您太客气了，以您的水平，说您是天下第一都没什么不敢当的。

2 会议时间由主持人掌握，不一定限**死**

死：此处指很严格、死板，不能有所变化。例如：

① 做这个工作不一定非得是年轻人，招聘时不必把年龄限得太死。

② 你把话说死了，万一情况有改变怎么办？

3 包括自我评价，也在禁止**之列**

……之列：指属于同类的范围。例如：

① 无论瓷器还是玉器，都在马先生的收藏之列。

② 凡是不讲构图、不讲用光的照片，都可以归入瞎拍之列。

表达提示 **Expression tip**

书面语化的专题谈话体

本文是一篇电视访谈节目记录，也属于专题谈话体中的征询体。因为话题有较强的专业性，答问人是有关领域的专家学者，要为电视观众提供准确、客观的专业信息，所以在语言表达上，词语和句式都比较书面化，语言的逻辑性也比较强。

在口头交际训练中，是否要进行书面语使用练习，涉及对"口头交际/书面交际"和"口语体/书面语体"两组概念的区分。口头交际指以声音为介质的面对面交际，交际内容可以是日常生活中的家长里短，这种情况下语言表达会较多使用口语体；但内容也可以是很正式的，那就需要使用庄重、规范的书面语体，如本文的访谈。书面交际指以文字为介质的不面对面的交际，如书信、报告等。但书面交际不一定就必须使用书面语体，熟人好友间的书信交谈同样可以写得很口语化。

初级阶段的口头交际训练侧重满足日常生活需要的内容，口语体表达较多。高级阶段的口头交际训练着眼于表达的得体性和丰富性，所选择的话题带有一定的专业性，所以应该加强书面语体的使用练习。

交际任务 Tasks

一 用汉语向你的朋友介绍什么是"头脑风暴"

介绍要点：1. "头脑风暴"这个概念是从哪里来的；

2. 进行"头脑风暴"的程序；

3. 进行过程中的注意事项；

4. 请朋友想一想，目前有哪些问题需要进行"头脑风暴"。

二 确定一个适合进行头脑风暴的话题，全班讨论（如举办一次留学生摄影展或举办
一次各国美食节）

活动要求：1. 选举一个主持人，或者由同学自荐；

2. 作好讨论记录及整理；

3. 根据讨论结果作出行动计划。

练 习 Exercises

课文理解

一 简要概括本课的话题

二 简要介绍"头脑风暴"的概念、基本环节

三 使用头脑风暴法，有什么需要注意的事项？

词语练习

一 词语归类：找出与创造性有关的词语（如"创意"）

二 根据解释说出对应的词语

1. 没有根据、不切实际地瞎想——

2. 痛痛快快说出心里要说的话——

3. 得到的好处不少，即有很大的收获——

4. 提出新的主张、见解或创造出新奇的样式——

5. 显明突出，引人注意——

6. 比喻扩大组织或扩充人员——

7. 固定的、不能变通的条例规定——

8. 有创造性的想法、构思——

9. 吸取经验或教训——

10. 骑马奔跑——

三 词语辨析

（一）招儿　　点子　　主意　　创意

1. 老马脑子快，聪明（　　　）多。

2. 我实在想不出什么好办法了，你给支个（　　　）吧。

3. 遇到困难，要靠大家出（　　　），想办法。

4. 头脑风暴会议最重要的就是多提出（　　　）。

（二）紊乱　　胡乱　　杂乱　　动乱

1. 经济状况恶化，容易引起社会（　　　）。

2. 病人出现精神（　　　）的症状，就应该赶紧送医院了。

3. 又起晚了，我（　　　）吃了几口饭就赶紧往学校跑。

4. 你的屋子怎么总是这么（　　　）？东西到处乱扔，找什么都找不到。

成段表达

一 模仿例句，完成句子

1. 一般来说，比较具体的议题能使与会者较快产生设想，比较抽象和宏观的议题引发
   设想的时间会长一些，但设想的创造性可能比较强。

   （1）一般来说，比较外向的人……，比较内向的人……。

   （2）一般来说，慢性子的人……，急性子的人……。

   （3）一般来说，男人……，女人……。

2. 记录员也应该随时提出自己的设想，切忌成为旁观者。

　　（1）喝不喝酒也要根据自己的健康状况，切忌……。

　　（2）辩论时双方一定要互相尊重，切忌……。

　　（3）……，切忌……。

3. 时间太短与会者难以畅所欲言，时间太长则容易产生疲劳感，影响效果。

　　（1）饭菜准备得太少……，饭菜准备得太多则……。

　　（2）送的礼物太贵……，礼物太轻则……。

　　（3）个子长得太高……，个子长得太矮则……。

4. 复杂倒不复杂，但需要及时、细致地去做。

　　（1）难倒不难，但得……。

　　（2）辛苦倒不辛苦，但……。

　　（3）……倒……，但……。

二　完成对话

　1. A：_____，_____。

　　　B：专家不敢当，我只是从事这方面的工作而已。

　　　A：_____。

　　　B：这个概念是指_____，_____。

　2. A：_____。

　　　B：您能说得具体一点儿吗？

　　　A：_____。

　　　B：谢谢您！您的介绍让我受益匪浅。

　3. A：这种学习方法有哪些好处？

　　　B：_____。主要是_____。

　　　A：太好了！_____。

　　　B：_____。

三 串词成篇：用所给第一个词语作为话题，尽量使用所提供的其他词语编一个小故事

1. 招兵买马	……倒……，但……	活动	组织
2. 畅所欲言	……，切忌……	分享	顾忌
3. 胡思乱想	不是……，就是……	创意	努力
4. 标新立异	不但……，而且……	点子	聪明

自由表达

一 为常见的物品想出不同的用法（如饭盒、手机、回形针、易拉罐的五种其他用处）

二 发现新事物，激发创造力

1. 听听音乐，做做白日梦：找一张你喜欢的光盘，边听边随意想象你的生活、你想做的某件创造性的事情，然后记录下来。

2. 问自己："如果……会怎么样？"例如："如果我是一个百万富翁会怎么样？""如果我无家可归了会怎么样？"……

3. 今天下课或下班后，走一条从来没有走过的路线回家，看看会有什么新的发现，记录下来。

相关阅读

头脑风暴的12条规则

无论你是一个人还是在一个团队中进行头脑风暴，下面的12条规则会帮助你成功：

1. 确定你的目的，弄清楚你的问题。只有当你真正了解了你为什么要进行头脑风暴，通过头脑风暴要达到一个什么样的目的时，才有可能产生创意。如果没有全面了解问题所在，难以想出有效的解决之道。

2. 设立一些规则并坚持实行。例如，你一旦决定在头脑风暴阶段不去评定任何一个创意，就注意不要陷入思维定势，不要用"不可行"、"不现实"……去评价。

3. 设立目标或限制。对头脑风暴会议设立的限制，可以是关于这个会议要持续多久或是要想出多少个创意。千万不要在提出创意过程中出现一两个瓶颈就放弃，如果出现冷场，可以用一点儿刺激或技巧，让头脑风暴重新启动。如果你想要得到10个创意，不要得到了一两个好创意就中止。

4. 没有任何一个创意是愚蠢的。勇敢一点儿！这是头脑风暴的金科玉律之一。你可

能会想出一个完全不现实的怪异的点子，但是如果你想到其积极方面，你会发现你的思路进入了一个前所未有的开阔境地。

5. 不要过于匆忙。产生新创意并不是一场比赛。不要给自己限定必须在30分钟或1小时想出一个绝妙的创意。让你的创意自由流动，在原有的创意的基础上不断改进，直到有了足够的创意并且相信能够从中选出一个最合适的。

6. 不要过早给你的创意下结论。头脑风暴会议是为了产生新创意而不是分析它们。把分析留到以后吧。

7. 要有激情。人们只有在积极的状态下才能富有创意。团队领袖的作用就是让团队成员们主动、乐观、积极和专注地面对手头的问题。

8. 要在别人创意的基础上加以改进。全新的、独创的创意是非常好的，但有时解决手头问题的最好方法仅仅需要对原有创意进行改进。

9. 创意的数量十分重要。从很多创意当中挑选出一个好创意，总比从很少的几个中挑选来得容易。就算你的创意当中有99%被证明不可行，但这个过程至少让你的头脑朝不同方向运转，而且强迫你从不同的角度考虑事情。

10. 不要害怕。如果你害怕拒绝和失败，你就会有更大的可能遭遇拒绝和失败。在头脑风暴阶段，你要明白所有的创意都是重要的、有价值的。如果你相信你能为你的团队作出很大的贡献，而且你根本不担心别人对你的创意有什么评价，你就有可能想出绝妙的、富有创意的点子。

11. 从不同的视角看待事物。使用所有的工具，包括你自己的5种感官，从不同的角度看待问题。你的教育背景、经历和背景知识也可以利用起来。有时候你的头脑会自动作一些奇怪的联想，从而想出让人不可思议的创意。

12. 当事情有点儿困难的时候，可以使用头脑风暴练习或是刺激物来帮助你进行创造性思维。头脑风暴常常是一件很困难的事情，有时候你的头脑会很难想出你需要的创意。这时不要放弃！相反，你应该通过使用一些练习、活动或是刺激物启动头脑风暴过程。例如，你可以把手头的问题和随机的一个单词联系起来，这常常能帮助你产生新点子。

（选自《头脑风暴》，[美]杰森·R.瑞奇著，黄蓓蓓、孟涛译，北京：金城出版社，2009）

说一说：1. 这12条规则中，最核心的原则是什么？

2. 为什么说"勇敢"是头脑风暴的金科玉律之一？

单元测试一（1~6课）

1. 品质不一，好坏都有——

2. 买东西要多去几家店作比较——

3. 货物是正品，价钱也公道——

4. 待在家里不出门——

5. 喜爱得舍不得放手——

6. 趁他人危急时侵犯他人利益——

7. 美妙得难以用语言来表达——

8. 既得到名声，又得到利益——

9. 尽可能利用一切可以利用的时间或空间——

10. 形容人对某事一下子明白过来、突然醒悟——

11. 危险的局面不断产生——

12. 喜欢新的，厌弃旧的——

13. 事物非常完美，没有能与它相比的——

14. 长久坚持下去——

15. 心里怎么想，手上就能怎么做，形容运用自如——

16. 知道得不全面，理解也不透彻——

17. 痛痛快快说出心里想要说出的话——

18. 提出新的主张、见解或创造出新的样式——

19. 没有根据、不切实际地瞎想——

20. 得到的好处不少，即有很大收获——

二　根据提示完成句子（15分）

1. A：你看这件衣服的款式怎么样？

　　B：_____。

　　（压根儿　　时兴）

A：可广告里说这是今年最流行的。

B：_____。

（靠谱儿　　变着法儿）

2. A：最近老见不到你的人影儿，在忙活什么呢？

B：_____。

（一塌糊涂　　立马）

A：哎呀，超级大忙人，赶紧忙你的去吧！

B：_____。

（找不着北）

3. A：诸位，谁想参加这次演讲比赛？

B：_____。

（跃跃欲试　　志在必得）

A：那几个坐在后面的同学，别小声嘀咕，你们有什么打算？

B：_____。

（望洋兴叹）

4. A：什么样的人容易成功？

B：_____。

（持之以恒　　脱颖而出）

A：你觉得在30岁之前能实现你的人生目标吗？

B：_____。

（遥不可及）

5. A：有件事儿我拿不定主意，你给支个招儿？

B：_____。

（点子　　创意）

A：就是找工作的事儿。你说留在中国好，还是回国好？

B：_____。

（畅所欲言）

三　话题讲述（50分）

1. 中国的电子商务发展有什么特点？消费者对网络购物的依赖表现在哪些方面？请讲讲课文里的某个人物或你自己对网购的评价。

2. 网络购物的优势表现在哪里？容易发生什么样的问题？你喜欢网购吗？讲出喜欢或不喜欢的原因。

3. 简单介绍一下马先生的收藏经历，并说说你对他印象最深的地方，以及你对收藏的看法。

4. 马先生怎么谈他收藏的乐趣？你觉得乐趣与钱之间是什么关系？讲讲你的乐趣。

5. 简单介绍"拍卖你的生涯"的活动过程。哪一项拍卖给你的印象最深？为什么？

6. 在所有的拍卖项目中，你会首先选择哪一项？为什么？如果有很多人竞争，你怎么办？

7. "背包客"是些什么样的人？主人公认为背包客应该具有哪些职业技能和职业素质？讲讲你或你的朋友当背包客的经历。

8. 你向往背包客的旅行生涯吗？你认为这样的生活靠谱儿不靠谱儿？介绍一下你喜欢的旅行方式。

9. 爱好摄影的人最初一般会做哪些事情？摄影构图有哪几个重要元素？讲讲你对摄影的了解。

10. 选择一张照片，可以根据你掌握的摄影知识进行分析，也可以讲讲跟这张照片有关的故事。

11. 解释什么是"头脑风暴"，并介绍运用这种激励方法的好处，然后讲一个跟头脑风暴有关的故事或创意。

12. "头脑风暴"有哪几个关键环节？它的探讨方式有哪些主要特点？你怎么评价这种激励创造性思维的方法？

四　回答问题（15分）（从"话题讲述"中抽取问题）

7 将要被社会淘汰的六种人

话题背景

生活在一个充满竞争的时代，我们怎样才能不被淘汰、获得成功？这篇文章从六个方面总结了阻碍成功、导致被社会淘汰的原因。虽然不见得全面，但作者的分析和一些小故事值得我们认真思考。

有一篇名为《将要被社会淘汰的六种人》的博文在网上流传，被网友们争相传阅。文中列举了六种在竞争社会中最容易被淘汰的人，网友们纷纷表示要引以为戒。

第一种人：八小时之外不学习的人

一位名人说："人与人的区别在于八小时之外如何运用。"有大把时间的人不一定能成功，会见缝插针挤时间的人才可能成功。八小时之内决定现在，八小时之外决定未来。没有知识，走进教室。人生有两大悲哀：结婚之后不再恋爱，毕业以后不再学习。

不可回收

拒绝学习，就是拒绝成长。家长不学习，会被孩子看不起，会跟孩子之间产生代沟。夫妻一方爱学习，另一方不学习，就会出现隔阂。任何一个人不学习，就会与社会脱节，跟不上时代步伐。那么，究竟应该学什么呢？

有一个成功学的公式：

思想观念40%+人际关系40%+专业能力20%=成功

你可以从这个公式里找自己的弱项，缺什么补什么，社会需要什么你就学什么，不只是学感兴趣的，而是学有利于社会，有利于成功的。全世界最好的投资、最没有风险的投资就是投资学习。

在21世纪被淘汰的六种人当中，不学习的人是首选。

回答问题

1. 作者怎么看时间和成功的关系？

2. 作者说人生有哪两大悲哀？

3. 不学习对不同的人会有什么结果？

4. 按照文中的公式，成功由哪些因素构成？

5. 怎样通过这个成功学的公式确定个人该学习什么？

6. 你是否赞同这个公式？你还知道别的公式吗？

第二种人：对新生事物反应迟钝的人

任何一个新生事物的诞生都与巨大的商机挂钩。任何一个新生事物，又都是在一片反对、怀疑、拒绝声中悄然来临。对新生事物的意义和价值保持敏感，并对其发展趋势作出准确的判断，就不会把推论当成结论，把潜力股当成垃圾股。对新生事物视而不见、充耳不闻的人，会坐失良机，而且最终一定会被社会淘汰。

请仔细想一想，在我们身边，善于发现新生事物，从而捕获机会的故事还少吗？

> **回答问题**
>
> 1. 新生事物与什么有关？
>
> 2. 对新生事物敏感的人能做到什么？
>
> 3. 对新生事物不敏感的人会有什么结果？
>
> 4. 你能讲一个善于发现新生事物、从而捕获机会的故事吗？

第三种人：靠个人能力单打独斗的人

21世纪是英雄退位、团队进位的时代，抱团打天下已经是大势所趋。谁拥有人群，谁就拥有市场，"1+1=2"叫数学，"1+1=11"叫经济学。俗话说，一根筷子容易折，十双筷子折不断。

有个大公司招聘时出了一道面试题，要求应聘者们冒雨到指定地点然后返回原处，但只有一半的人有雨伞。结果答案五花八门：没有拿到伞的人有的想到的解决方案是赶紧去附近的商店买一把，有的想到请有伞的人同意自己借光，而拿到伞的人多半只顾庆幸，却少有人想到主动帮助没伞的人。其实这道题不只是考解决问题的能力，也是在考应聘者的团队合作精神。

> **回答问题**
>
> 1. 21世纪有什么时代特点？
>
> 2. 俗话怎么表达"团结起来有力量"的意思？
>
> 3. 公司招聘出了什么样的面试题？出这道题的目的是什么？

第四种人：玻璃心，心理脆弱、容易受伤害的人

其实，事情本身常常不重要，而你的想法、看法很重要。事情本身不伤害人，而你的想法会伤害你。有一个故事，说的是老和尚和小和尚一起下山，途中遇到一条河。有一个女子在河边徘徊，不敢过去。老和尚就主动背起这个女子蹚了过去，然后放下女子，与小和尚继续赶路。小和尚一路嘀咕：师父怎么了？一个出家人，怎么能背女人呢？最后实在忍不住了，问师父："您怎么能背女人呢？这不是犯戒了吗？"老和尚叹道："我早已放下了，你却还放不下！"这个故事提醒我们不要当那个被自己的想法折磨得死去活来的小和尚。

有一位大哲学家说："生气是用别人的错误惩罚自己。"希望人人在开始生气的时候想起这句话。

有一位人人羡慕的幸福妻子说："不是我得到的多，是我计较得少。"但愿我们在打算计较的时候，问问自己：计较的结果是什么？

> **回答问题**
>
> 1. 作者认为事情和对事情的看法哪个重要？
>
> 2. 老和尚和小和尚之间发生了什么故事？
>
> 3. 作者讲这个故事想提醒我们什么？
>
> 4. 哲学家怎么看待生气？
>
> 5. 这个妻子怎么解释自己幸福的秘诀？

第五种人：计较眼前、目光短浅的人

人们用"鼠目寸光"形容那些目光短浅的人。他们过于计较眼前利益，总是为了一点儿鸡毛蒜皮争争吵吵，甚至大动干戈。虽然也起早贪黑，也辛苦奔忙，但最终碌碌无为。有个笑话说，一个人小时候在地上捡了一个硬币，从此便永远低着头走路，最后，一辈子的收获就是捡了若干颗纽扣、若干根针、若干个硬币……还有，变成了一个弯腰驼背的近视眼。

俗话说："舍得、舍得，有舍才有得。"只有拿得起放得下，为了长远发展，敢于舍弃眼前利益，才能做得成大事业。

你想成为一个成大器者吗？那就从现在起，培养远见卓识，培养开阔的视野和胸襟。

> **回答问题**
>
> 1. 人们怎么形容目光短浅的人？
> 2. 鼠目寸光的人怎么处理问题？如果如何？
> 3. 复述这个笑话，并说说这个人什么地方可笑。
> 4. 俗话怎么表达"为了得到，要敢于放弃"的意思？
> 5. 你觉得自己是个有远见的人吗？请举例。

第六种人：情商低的人

很多人翻脸比翻书快。古人说："小不忍则乱大谋。"脾气来了，福气走了。如果想做一个成功者，请切记：情商（EQ）比智商（IQ）更重要。研究者认为，情商包括了解自身情绪、管理情绪、自我激励、识别他人情绪、处理人际关系这五个方面。情商高的人，通常有较健康的情绪，有较为美满的婚姻和家庭，有良好的人际关系。而情商低的人则人际关系紧张，婚姻容易破裂，缺少领导能力。谁会喜欢跟一个情绪反复无常、动辄跟人翻脸的人相处呢？落到人人

避而远之的地步，就离被淘汰不远了。

有心理学家总结了四种情商的结局：

（1）有能力有脾气的人——怀才不遇；

（2）有能力没脾气的人——春风得意；

（3）没能力有脾气的人——一事无成；

（4）没能力没脾气的人——贵人相助。

如果不希望被社会淘汰，那么，以本文列举的六种人为戒，也许会促使我们不断反省和改变自己，走向自我完善，走向成功。

回答问题

1. 作者怎么描写那些容易跟别人发生冲突的人？

2. 中国古人对克制情绪与成功的关系有什么见解？

3. 作者认为想获得成功的人应该切记什么？

4. "情商"包括哪些方面？

5. 情商高与情商低的人有哪些不同？

6. 为什么情商低的人会被淘汰？

7. 心理学家怎么总结四种情商的结局？

词语表 Vocabulary

1.	博文	bówén	名	博客上的文章。
				一篇~/引用~

2.	传阅	chuányuè	动	传递着看。
				~报纸/请~

3.	引以为戒	yǐn yǐ wéi jiè	把过去犯错误的教训拿来作为警戒，避免重犯。
			这次的教训如果不能~，你会吃大亏的。

4.	隔阂	géhé	名	彼此情意不相通，思想有距离。
				~很深/产生~/消除~

5.	弱项	ruòxiàng	名	力量薄弱的方面。
				我的~/克服~

6.	迟钝	chídùn	形	形容人或其他动物反应慢、不灵敏。
				头脑~/反应~

7.	视而不见	shì ér bú jiàn	睁着眼却没看见，指不注意，不重视。
			你又不是盲人，对这么好的风景怎么~？

8.	充耳不闻	chōng ěr bù wén	形容有意不听别人的意见。
			我早就提醒过他多次了，可他就是~。

9.	坐失良机	zuò shī liáng jī	不主动及时行动而失去好机会。
			因为犹豫不决，结果~。

10.	大势所趋	dà shì suǒ qū	整个局势发展的趋向。
			争取独立、民主，是~。

11.	徘徊	páihuái	动	来回走动。
				~许久/在海边~

12.	犯戒	fàn jiè	离	违犯戒律。
				~就会受惩罚。

13.	死去活来	sǐ qù huó lái	形容极度悲痛或疼痛。
			听到母亲去世的消息，小李哭得~。

14.	鼠目寸光	shǔ mù cùn guāng	形容没有远见。
			~的人成不了大事。

15.	鸡毛蒜皮	jī máo suàn pí	比喻无关紧要的琐碎小事或毫无价值的东西。
			总是为一些~吵架，多没意思！

16.	大动干戈	dà dòng gāngē		大规模地进行战争。比喻大张声势地行事。

两个国家为争资源而～。

17.	起早贪黑	qǐ zǎo tān hēi		起得早，睡得晚。形容辛勤劳动。

～的，不就是为了多挣点儿钱吗？

18.	碌碌无为	lùlù wú wéi		能力平常，没有作为。

一辈子～，真惭愧！

19.	若干	ruògān	代	多少。问数量或者指不定量。

～问题/薪水～

20.	驼背	tuó bèi	离	人的脊柱向后拱起。

挺直身体，别～！

21.	情商	qíngshāng	名	又称情绪智力，主要是指人在情绪、情感、意志、耐受挫折等方面的品质。即EQ。

～指数/～高

22.	智商	zhìshāng	名	智力，具体是指数字、空间、逻辑、词汇、记忆等能力。即IQ。

测量～/～低

23.	反复无常	fǎnfù wú cháng		经常变化没有稳定状态。

春天的天气～，就像我们老板的脾气。

24.	动辄	dòngzhé	副	动不动就。

～生气

25.	怀才不遇	huái cái bú yù		有才学但不被赏识任用。

这些年，他一直觉得自己～。

26.	春风得意	chūnfēng déyì		形容官运亨通或事情办成时的得意心情。

几年就当了公司高管，～啊。

27.	一事无成	yí shì wú chéng		连一件事情都没有做成。形容毫无成就。

忙忙碌碌一辈子，到头来～。

注 释 Notes

1 对新生事物的意义和价值保持敏感，并对其发展趋势作出准确的判断，就不会把推论当成结论，把潜力股当成垃圾股

潜力股：本来指在后市有发展、会上涨的股票。比喻虽然眼前默默无闻，但有发展潜力的机会或人。

垃圾股：本来指业绩较差的公司的股票，与绩优股相对应。比喻没有价值的机会或人。

2 21世纪是英雄退位、团队进位的时代，抱团打天下已经是大势所趋

抱团打天下：意思是一群人团结起来去开创事业。

3 俗话说，一根筷子容易折，十双筷子折不断

一根筷子容易折，十双筷子折不断：俗语，比喻单个人容易失败，团结起来有力量。

4 玻璃心，心理脆弱、容易受伤害的人

玻璃心：比喻心理非常脆弱。

5 一个出家人，怎么能背女人呢？

出家人：指僧人，男的俗称和尚，女的俗称尼姑。

6 小不忍则乱大谋

小不忍则乱大谋：意思是在小事上不能忍让，就会影响成就大事。

表达提示 Expression tip

俗语、惯用语与表达的生动性

俗语指那些约定俗成、体现了老百姓生活智慧的语句，具有口语性和通俗性，简练而且形象化，如本课中的"一根筷子容易折，十双筷子折不断"。再如"笨鸟先飞"比喻能力差的人早作准备，"病急乱投医"比喻因事情紧急顾不上考虑方法，"半斤对八两"比喻双

方相似等。

　　惯用语也是民间习用的表达形式，也比较口语化、通俗化。三字格较多，因为多是通过比喻获得修辞转义，所以字面意义常常与实际意义不一致。如本课中用"玻璃心"比喻心理脆弱。再如"炒鱿鱼"比喻解雇，"吃小灶"比喻享受到特殊照顾，"闯红灯"比喻超越规则办事等。

　　恰当地使用俗语和惯用语，可以使你的表达显得地道、生动。但因为它们往往带有一定的背景知识和语用色彩，使用时要注意准确性。

一　聊天儿与报告

　　跟周围的人聊一聊"什么样的人会被时代淘汰"，记录交谈者的看法，向全班报告。

　　参考问题：1. 不学习会被时代淘汰，可很多人说没有时间看书学习，你有什么见缝插针挤时间的诀窍吗？

　　　　　　　2. 你对新生事物敏感吗？你觉得最近一两年有哪些新鲜事儿？

　　　　　　　3. 你面对问题时喜欢单打独斗，还是选择团队合作？

　　　　　　　4. 一位大哲学家说："生气是用别人的错误惩罚自己。"你生气的时候会想到这句话吗？

　　　　　　　5. 在你看来，哪些事情属于不必计较的鸡毛蒜皮？

　　　　　　　6. 你觉得自己是一事无成还是春风得意？

二　介绍一本成功学的书或一篇这方面的文章

　　介绍要点：1. 这本书或文章的书名（篇名）、作者、出版地点、出版时间；

　　　　　　　2. 作者的主要观点和精彩言论；

　　　　　　　3. 你的评价。

三　辩论：能力是成功的根本/情商比能力更重要

　　正方观点：能力是成功的根本。有能力的人都有脾气，能力强的人有领袖气质，脾气大一点儿不影响交朋友，不影响成功。

　　反方观点：情商比能力更重要。脾气坏、情绪反复无常的人没有朋友，单打独斗的人成就不了大事业，不会有大的成功。

要　　求：1. 多使用俗语、惯用语；

2. 多用小故事来说明自己的观点、看法；

3. 参考"相关阅读"的内容。

课文理解

一　简要概括本课的话题

二　为什么这六种人在竞争社会容易被淘汰？

三　心理学家说的四种情商的结局有道理吗？

词语练习

一　词语归类：说出你所知道的汉语俗语、惯用语

二　根据解释说出对应的词语

1. 比喻无关紧要的琐碎小事或毫无价值的东西——

2. 不主动及时行动而失去好机会——

3. 有才学但不被赏识任用——

4. 经常变化没有稳定状态——

5. 能力平常，没有作为——

6. 整个局势发展的趋向——

7. 睁着眼却没看见，指不注意，不重视——

8. 形容没有远见——

9. 把过去犯错误的教训拿来作为警戒，避免重犯——

10. 有后市价值、会上涨的股票。比喻虽然眼前默默无闻，但有发展潜力的人——

三 词语填空

　　　淘汰　　迟钝　　坐失良机　　春风得意　　大势所趋　　碌碌无为

1. 通过这次面试就可以进入这家大公司，你可不要（　　　　　）。

2. 如果不想（　　　　　）地过一辈子，就要给自己制定一个远大的目标。

3. 小王最近连连提职加薪，一副（　　　　　）的样子。

4. 这次比赛很不走运，第一轮就被（　　　　　）下来了。

5. 你的反应也太（　　　　　）了，这是支绩优股，早就被人抢光了。

6. 反对战争、呼吁和平，这是（　　　　　），人心所向。

四 词语辨析

（一）翻脸　　变脸　　没脸

1. 夏天天气多变，刚才还是大晴天，转眼就（　　　　　）了。

2. 为一点小事儿动辄（　　　　　）的人，很难跟别人相处。

3. 没办成事儿还把钱给丢了，我（　　　　　）见你。

（二）迟缓　　迟钝　　迟到

1. 因为路上堵车，我又（　　　　　）了。

2. 工程进展得非常（　　　　　），今年肯定完不了工。

3. 请原谅我反应（　　　　　），我没想到会出现这样的情况。

成段表达

一 模仿例句，完成句子

1. 一位名人说："人与人的区别在于八小时之外如何运用。"

　　（1）一位大哲学家说："……。"

　　（2）一位成功人士说："……。"

　　（3）一位……说："……。"

2. 在21世纪被淘汰的六种人当中，不学习的人是首选。

　　（1）在我面对的追求者当中，……是首选。

　　（2）在我喜欢的外语当中，……是首选。

　　（3）在……当中，……是首选。

3. 其实，事情本身常常不重要，而你的想法、看法很重要。

（1）其实，去哪儿旅行并不重要，而……很重要。

（2）其实，出生在哪个城市不重要，而……很重要。

（3）其实，……不重要，而……很重要。

4. 对新生事物视而不见、充耳不闻的人，会坐失良机，而且最终一定会被社会淘汰。

（1）对别人的痛苦缺少同情心的人，会……，而且……。

（2）对鸡毛蒜皮的小事儿过于计较的人，会……，而且……。

（3）对……的人，会……，而且……。

5. 人们用"鼠目寸光"形容那些目光短浅的人。他们过于计较眼前利益，总是为了一点儿鸡毛蒜皮争争吵吵，甚至大动干戈。

（1）人们用"春风得意"形容那些因为获得成功而得意洋洋的人。他们……，

……。

（2）北京人用"加塞儿"形容那些不排队的人。这种人……，……。

（3）……用"……"形容……的人。……，……。

二　串词成篇：用所给第一个词语作为话题，尽量使用所提供的其他词语编一个小故事

1. 鸡毛蒜皮　　即使……，也……　　　动辄　　隔阂
2. 怀才不遇　　假如……，那么……　　竞争　　欣赏
3. 春风得意　　不是……，就是……　　淘汰　　嫉妒

自由表达

一　各抒己见：高智商的人不一定有高情商

二　续讲故事

1. 我准备新学一门外语，……。
2. 面试时，考官出了这样一道题，……。
3. 我最近有一个机会，……。
4. 我有一个爱翻脸的朋友，……。

相关阅读

提升情商的七种方法

1. 学会划定恰当的心理界限，这对每个人都有好处。

你或许自认为与他人界限不明是一件好事，这样大家能随心所欲地相处，而且相互之间也不用激烈地讨价还价。这听起来似乎有点儿道理，但它的不利之处在于：别人经常伤害了你的感情而他却不自知。

界限清晰对大家都有好处。当别人侵犯了你的心理界限，告诉他，以求得改正。如果总是划不清心理界限，那么你就需要提高自己的认知水平。

2. 找一个适合自己的方法，在感觉快要失去理智时使自己平静下来，从而使血液留在大脑里，做出理智的行动。

美国人曾开玩笑地说：当遇到事情时，理智的孩子让血液进入大脑，能聪明地思考问题，举止得当；野蛮的孩子让血液进入四肢，会疯狂冲动，做蠢事，口不择言。

科学实验证明，当我们在压力之下变得过度紧张时，血液的确会离开大脑皮层，于是我们就会举止失常。

当血液开始涌向四肢时，你可以选用以下的方法来平静心情：

（1）深呼吸，直至冷静下来。慢慢地、深深地吸气，让气充满整个肺部。把一只手放在腹部，确保你的呼吸方法正确。

（2）自言自语。比如对自己说："我正在冷静。"或者说："一切都会过去的。"

（3）有些人采用水疗法。洗个热水盆浴，可能会让你的怒气和焦虑随浴液的泡沫一起消失。

3. 想抱怨时，停一下先自问："我是想继续忍受这看起来无法改变的情形呢，还是想改变它呢？"

对于没完没了的抱怨，我们称之为唠叨。抱怨会消耗体力而又不会有任何结果，对问题的解决毫无用处，也不见得会使我们感到好受一点儿。

几乎所有的人都发现，如果对有同情心的第三方倾诉委屈，而他会跟着一起生气的话，我们会感觉好受一些，你的压力似乎减轻了，于是你又能重新面对原有的局面了，尽管事情没有任何改变。

但是如果你不抱怨呢，你会感受到巨大的心理压力。压力有时并不是个坏东西，它也许会让你感觉不舒服，但同时也是促使你进行改变的力量。一旦压力减轻，人就容易维持现状。

因此，当你准备向一个同情你的朋友抱怨时，先自问一下：我是想减轻压力保持现状呢，还是想让压力持续下去促使我改变这一切呢？如果是前者，那就通过抱怨把压力赶走吧。每个人都有发牢骚的时候，它会让我们暂时好受一些。但如果情况确实需要改变的话，让压力存在并促使你下定决心行动起来吧！

4. 扫除一切浪费精力的事物。

一切浪费精力的事物都不利于我们提高情商。

你的生活中有哪些缓慢消耗精力的事情？我家的墙角堆着一小块地毯，每次看到它，我都会想可能有人会被它绊倒。这本不是什么大不了的问题，但它分散我的精力。这就是我们如何界定分散精力的事物——每次接触之后都会感到精力被分散了。有时和朋友相处也是如此——相互吸取和给予精力——但有些是精力的吸血鬼，他们只会吸取你的精力。这时有两个选择：一是正视这个问题，建立心理界限继续与他们谨慎交往；另一个是减少与这种人交往。

试试用以下方法减少浪费精力：

（1）将经常消耗你精力的事情列出一个清单。

（2）系统地分析一下清单，将它分成两部分：

    A. 可以有所作为的；

    B. 不可改变的。

（3）逐一解决A单中的问题。

（4）再分析B单中的问题，其中有没有移到A单加以解决的可能？

（5）放弃B单中的问题。

5. 找一个生活中鲜活的榜样。

我们都曾经历过学榜样的年代，那些榜样对于我们来说高尚而又疏远。于是我们学榜样的热忱在和榜样的距离中渐渐熄灭了，因为我们知道，自己也许一生都成不了大英雄。

是的，你不能成为大英雄，但你可以成为一个快乐的常人。

你身边有出色的人物吗？把他作为你的榜样吧！你可以想：他所能做的我也可以，虽然我们的风格迥异。我不可能以他的方式完成他所做的事情，但我会以我的方式来完成。从榜样身上你总能看到从来没察觉到的自身潜能。

在周围的人中找出你学习的榜样吧！他们比你更聪明、所受教育更好、层次更高、比你更有毅力。你会在追赶他们的过程中自然地提高自己的情商。

6. 从难以相处的人身上学到东西。

我们的周围有很多牢骚满腹、横行霸道、装腔作势的人，我们多么希望这些人从生活中消失，因为他们会让人生气和绝望，甚至发狂。但你想到过吗？这些难以相处的人是我们提高情商的帮手。你可以从多嘴多舌的人身上学会沉默，从脾气暴躁的人身上学会忍耐，从恶人身上学到善良，而且你不用对这些老师感激涕零。

应付难以相处的人最有效的方式就是灵活。也就是说，发现他们的方式，在与之交往的过程中，尽量灵活地采用与之相同的方式。如果这人喜欢先闲谈再谈正事的话，你的反应应当是放松下来，聊聊家常。另一方面，如果这人直截了当，你也应当闲话少说，直奔主题。这样，在与难以相处的人打交道时会更有效率，而且会发现这些人并不那么难以相处。

7.时不时尝试另一种完全不同的方式，你会拓宽视野，提高情商。

你是一个性格开朗、外向的人还是性格内向、只喜欢独处或和几个密友在一起的人呢？你喜欢提前计划好每一天，以知道要干些什么事儿，还是毫无计划呢？人人都有自己的偏爱，如果可以选择的话，每个人都会选择自己偏爱的方式。然而，突然违反常规，尝试截然相反的行动会更有助于我们的成长。

如果你总是热衷于做聚会中的中心人物，这次不妨试着让那些平日毫不起眼的人出出风头。如果你总是被动地等待别人和你搭讪，不妨主动上前向对方问个好。

说一说：1.有句话说："冲动是魔鬼。"你善于控制自己的冲动吗？

2.这篇文章里说的提高情商的方法你愿意尝试吗？

富豪与慈善

课文 Text

话题背景

　　将取之于社会的财富再回馈社会，用于救助那些需要帮助的人，这就是慈善。在一个社会中，富人的慈善意识和慈善行为，是衡量这个社会文明程度的标志之一。

事件回放：

　　2010年6月，两位世界顶级富豪，美国微软公司创始人比尔·盖茨和"股神"巴菲特在美国发起"捐赠承诺"活动，说服美国上百位亿万富翁在有生之年或去世之后，将大部分个人财富捐出。8月4号，盖茨与巴菲特宣布，已经有40个巨富家庭或个人明确表示，将至少捐献一半的财产做慈善，还有40位歌手也宣布将把个人至少一半的财产捐出。根据初步估算，这项行动将募集大约6000亿美元，约合40600亿元人民币的善款。善款数额之大令人瞠目，更令人惊讶的是慈善倡议发出后响应者如此众多！

　　紧接着，比尔·盖茨和巴菲特宣布将于9月底来中国，届时将举行慈善晚宴，邀请50位中国富豪参加。很多受邀富豪反复确认是否会在晚会上被游说劝捐，部分人因此而拒绝出席。媒体纷纷报道了这个新闻。中国富豪对待慈善的态度一时成了街谈巷议的热门话题，许多老百姓认为这是中国富豪素质低、为富不仁的表现。

> **回答问题**
>
> 1. 比尔·盖茨和巴菲特发起了一项什么活动？
>
> 2. 这项活动取得了什么结果？
>
> 3. 部分中国富豪对慈善晚宴是什么态度？老百姓对此有哪些评价？

各方观点：

学者甲（社会学家）：现代文明一个很重要的标志，就是社会慈善事业的发展水平。其中，富人的慈善意识、社会正义行为、社会道德等，则是社会文明程度高低很重要的一个标志。很难想象，一个慈善事业主要由政府来推动以及富人尚不具备足够慈善意识的社会，能够与现代文明紧密挂钩。

现代西方慈善文化认为富人只是财富的社会管理人。换句话说，在法律意义上，财富为私人所有，但在道德和价值层面上，超过生活需要的财富就是社会的。这显然和视血缘、家族为生命观念基石的中国文化不同，在中国传统文化里，财富传之子女是天经地义、理所当然的。虽然传统文化中也有"儿孙自有儿孙福"的劝导和不为儿孙积攒钱财的智者，但是，这样的行为并没有成为富人普遍的自觉选择。

> **回答问题**
>
> 1. 社会慈善事业的发展水平与现代文明之间是什么关系？
>
> 2. 西方的慈善文化怎么看待财富、富人和社会的关系？
>
> 3. 中国传统文化看重什么？中国富人一般怎么处理个人财富？

学者乙（法学家）：很多中国富豪不愿捐赠自己的财产，一方面是富豪本身的素质问题，例如，那些财富来路不正的人，钱攥在自己手上都胆战心惊，哪还敢捐款露富？还有，那些拖欠职工工资，连国家税收都要规避的富豪，能够指望他们心甘情愿地把捞到的钱捐赠出去？另一方面，这是制度设计的问题，例如中国缺乏征收高额遗产税或财产转移税的机制；某些慈善机构缺乏公信力，使人怀疑捐款的效能等等。这些问题没有解决，两个外国的富豪来一"劝"，中国的富豪就会听吗？当然不会听。既然不愿意听，还不如不去好。

回答问题

1. 中国富豪不愿意捐赠财产有哪些原因？

2. 法学家怎么解释中国富豪不愿意参加慈善晚宴？

学者丙（经济学家）：在经济学上有个所谓的"罗宾汉税"，指当某个社会贫富悬殊过大时，就应该对掌握大量资源的富人阶层课以重税，就像是侠盗罗宾汉劫富济贫。而通过税收等体现国家意志的手段将社会贫富结构由"哑铃"变成"纺锤"时，便人心思定，处处和谐了。盖茨们的行动是出于自愿，所以他们不是被课税，倒更像是侠盗本身的作为，不同的是他们"盗"的是自家的金库。

回答问题

1. 什么是经济学所说的"罗宾汉税"？

2. 税收是什么手段？能对社会产生什么作用？

3. 为什么说盖茨等人的行动像侠盗？

富豪（第一个响应盖茨和巴菲特邀请的中国企业家陈先生）：我在此郑重宣布：在我离开这个世界的时候，将"裸捐"——向慈善机

构捐出自己的全部财产。这也是我给两位先生中国之行的见面礼。

我作为一个富人，绝不做财富的守财奴。目前我每年都在把公司一半以上的利润拿出来做慈善。财富是什么？我认为，财富是水，是身外之物。如果有一杯水，可以一个人喝；有一桶水，可以存放在家里；要是有一条河，就该与大家分享。

> **回答问题**
>
> 1. 陈先生宣布他打算做什么？
>
> 2. 作为一个富人，陈先生怎么看待人和财富的关系？

记者：慈善应该成为一种生活的常态，而不是临时的作秀。很多名人也喜欢做慈善，但他们只是把慈善当成临时宣传的工具。而富豪陈先生之所以乐善好施，原因在于对财富的正确理解，对社会责任的勇于承担，因此他的慈善并不是一时之举。

由于传统文化的影响，人们在行善时总喜欢低调一些，不喜欢引起社会更多的关注。而陈先生行善很高调，很张扬，这让很多人觉得他是在炒作自己。我倒觉得，在慈善意识还有待提高的今天，需要有他这样的人来引发、引导社会舆论，改变国人对于行善的观念。

> **回答问题**
>
> 1. 记者对慈善有什么看法？
>
> 2. 富豪陈先生做慈善与很多名人的不同之处在哪里？
>
> 3. 记者怎么评价陈先生的高调行善？

网友甲：中国富翁拒绝参加"巴比"的慈善晚宴，不可否认，背后有深刻的社会病因。仅仅停留在道德层面批评中国富翁，很难从根本上解决问题。只要当前的现实土壤还没有改变，要想让富翁向"巴比"看齐，显然是不切实际的。

再说，巨富们的钱是自己的，愿不愿意捐出来完全在个人，捐了不见得就比别人高尚，不捐也并不可耻。我觉得讨论慈善，还应该关注社会的仇富心理。请诸位不妨回想一下，平时谈到富人，是不是会"羡慕、嫉妒、恨"？有多少人会认为，富人们的财富是由诚实劳动获取的？所以，富人行善是应该的，否则便遭唾骂。我想，富人也应该有处置自己财产的权利吧。

回答问题

1. 网友甲认为中国富豪拒绝参加慈善晚宴的原因是什么？

2. 网友甲认为讨论慈善的同时还应该关注什么问题？

网友乙：假如这次"巴比"来中国不是举办慈善晚会，不是倡导慈善理念和了解中国慈善发展状态，而是以世界成功人士或世界级富翁的身份来找人"共进晚餐"，或是传授"成功秘籍"，那中国富翁的态度会怎样？会像现在这样冷眼旁观吗？晚宴说不定一票难求吧。

回答问题

1. 网友乙作了一个什么样的假设？

2. 如果是假设的那种情况，中国富豪的反应会和现在一样吗？

3. 你怎么看中国富豪对待慈善晚宴的态度？

词语表　**Vocabulary**

1.	善款	shànkuǎn	名	用于慈善的捐款。
				捐~/一笔~

2.	瞠目	chēngmù	动	瞪着眼看。形容受窘、惊恐的样子。
				~结舌/令人~

3.	游说	yóushuì	动	泛指劝说别人采纳自己的意见、主张。
				~选民/四处~

4.	街谈巷议	jiē tán xiàng yì		大街小巷里人们的议论。指民间的舆论。
				~一定程度上代表了老百姓的看法。

5.	为富不仁	wéi fù bù rén		为谋取财富而不讲仁慈。
				靠"血汗工厂"牟取暴利是~。

6.	天经地义	tiān jīng dì yì		指绝对正确，不能改变的道理。也指理所当然的事情。
				"啃老"并非~。

7.	理所当然	lǐ suǒ dāng rán		按道理应当这样。意为完全合理、不容怀疑。
				既然是给我买的，~归我用。

8.	公信力	gōngxìnlì	名	使公众信任的力量。
				丧失~

9.	悬殊	xuánshū	形	差别很大。
				待遇~/地位~

10.	课税	kè shuì		征税。
				~太重/减免~

11.	侠盗	xiádào	名	指武艺高强、讲义气的强盗。
				这本书里塑造了一个~的形象。

12.	劫富济贫	jié fù jì pín		夺取富人的财富，救济穷人。
		~的好汉		
13.	哑铃	yǎlíng	名	一种健身器材，两头大，中间细。
		~状		
14.	纺锤	fǎngchuí	名	纺纱、线或细麻绳用的手工工具。两头尖，中间粗。
		~状		
15.	守财奴	shǒucáinú	名	有钱而非常小气的人。
		有那么多钱还这样小气，这个~。		
16.	作秀	zuò xiù	离	故意做出某种行为给别人看。"秀"是英文show的音译。
		~行为/喜欢~		
17.	乐善好施	lè shàn hào shī		乐于做善事，喜欢帮助别人。
		~的人会受到大家的尊敬。		
18.	低调	dīdiào	形	不宣扬。
		为人~/~处理		
19.	高调	gāodiào	形	大肆宣扬。
		~作风/~出场		
20.	张扬	zhāngyáng	动	宣扬，声张。
		~出去/到处~		
21.	唾骂	tuòmà	动	吐唾沫表示鄙视，责骂。
		遭人~		
22.	秘籍	mìjí	名	秘密的方法、诀窍。
		传授~		
23.	冷眼旁观	lěng yǎn páng guān		以冷淡的眼光在一旁观看。形容置身事外，毫不动心地在一旁静观事态变化。
		~事态的发展。		

1 在经济学上有个所谓的"罗宾汉税"，指当某个社会贫富悬殊过大时，就应该对掌握大量资源的富人阶层课以重税，就像是侠盗罗宾汉劫富济贫

罗宾汉：即Robin Hood，英国民间传说中劫富济贫的英雄人物。

2 只要当前的现实土壤还没有改变，要想让富翁向"巴比"看齐，显然是不切实际的

向……看齐：指以某个对象为榜样。例如：

① 班长每门功课都是优秀，我要向他看齐。

② 向谁看齐，要根据自己的实际情况。

表达提示 Expression tip

假设、想象与表达的丰富性

　　发挥想象力，会让我们有更大的思考空间，也会让我们的表达更加丰富。想象与假设常常密不可分。假设的内容可以是一个新的身份，也可以是一个看问题的新角度，本课讨论的话题是富豪与慈善，对于并非富豪，也没有做过慈善的人来说，通过设想，可能对这个问题有新的发现。最常用的假设句式如："如果……，就……"，"要是……，就……"，"假如……，就……"等。

交际任务 Tasks

　一　搜集国内外近期的慈善活动信息

　　　　内容范围：1. 慈善活动的举办时间、地点；

　　　　　　　　　2. 活动的主题；

　　　　　　　　　3. 关于活动的新闻报道和网上评论；

　　　　　　　　　4. 其他。

二 演讲：假如我是个亿万富翁

活动要求：1. 演讲人事先准备好提纲，演讲时尽量脱稿；

2. 多运用假设句，设想可能出现的情况；

3. 听众针对演讲内容提问时，也应该多进行设想。

三 辩论：成了富人就会为富不仁／乐善好施不分贫富

正方：成了富人就会为富不仁，穷人反而乐于互相帮助。富人进天堂比骆驼穿过针眼还要难。

反方：乐善好施不分贫富，富人里有很多乐于助人的好人，穷人中也有不善良的人，贫富不是能否进天堂的标准。

练 习 Exercises

课文理解

一 简要概括本课的话题

二 介绍各方不同观点

三 你怎么看慈善对于社会的意义？

词语练习

一 词语归类：找出与财富、慈善有关的词语和说法

二 根据解释说出对应的词语

1. 以冷淡的眼光在一旁观看——

2. 有钱而非常小气的人——

3. 乐于做善事，喜欢帮助别人——

4. 夺取富人的财富，救济穷人——

5. 故意做出某种行为给别人看——

6. 为谋取财富而不讲仁慈——

7. 绝对正确，不能改变的道理。也指理所当然的事情——

8. 劝说别人采纳自己的意见、主张——

9. 按道理应当这样——

10. 差别很大——

三 词语填空

悬殊　　低调　　游说　　街谈巷议　　作秀　　乐善好施

1. 近期以来，通货膨胀成了（　　　　）的话题。

2. 这两个球队力量（　　　　），输赢是明摆着的。

3. 身为富豪，他穿着普通，行事（　　　　），不愿意引起关注。

4. 你不用来（　　　　）我们了，那么贵的房子我们买不起。

5. 他哪里是真心想帮助穷困失学的孩子？完全是在（　　　　）。

6. 做一个（　　　　）的人需要的不仅仅是金钱，更需要一颗善良的心。

成段表达

一 模仿例句，完成句子

1. 现代文明一个很重要的标志，就是社会慈善事业的发展水平。

（1）现代化一个很重要的标志，就是……。

（2）衡量成功与否的一个重要标志，就是……。

（3）……一个很重要的标志，就是……。

2. 很难想象，一个慈善事业主要由政府来推动以及富人尚不具备足够慈善意识的社会，能够与现代文明紧密挂钩。

（1）很难想象，一个天天睡懒觉的人，能够……。

（2）很难想象，一个没有公信力的政府，能够……。

（3）很难想象，……，能够……。

3. 现代西方慈善文化认为富人只是财富的社会管理人。换句话说，在法律意义上，财富为私人所有，但在道德和价值层面上，超过生活需要的财富就是社会的。

（1）金钱不是万能的，换句话说，……。

（2）节俭的人不一定是守财奴，换句话说，……。

（3）……，换句话说，……。

4.如果有一杯水，可以一个人喝；有一桶水，可以存放在家里；要是有一条河，就该
　与大家分享。

（1）如果有三天假期就可以……，有十天假期就可以……。

（2）如果赚到10万就可以……，赚到100万就可以……。

（3）如果有……就应该/可以……，有……就应该/可以……。

二　完成对话

1.A：请问，假如你得到一大笔遗产，你会怎么处理？

　B：假如我 ＿＿＿＿＿＿＿＿，我会＿＿＿＿＿＿＿＿＿＿＿＿。

　A：要是你的孩子反对呢？你会＿＿＿＿＿＿＿＿＿＿＿＿＿？

　B：要是＿＿＿＿＿＿＿＿＿＿＿，＿＿＿＿＿＿＿＿＿＿＿＿。

2.A：让我们想象一下，比尔·盖茨邀请我们去参加慈善晚宴。

　B：＿＿＿＿＿＿＿＿＿＿＿＿＿＿＿＿＿＿＿＿＿＿。

　A：你觉得会有人拒绝出席吗？

　B：＿＿＿＿＿＿＿＿＿＿＿，＿＿＿＿＿＿＿＿＿＿＿＿。

3.A：国家大剧院正在上演一部著名的歌剧，听说一票难求。

　B：如果＿＿＿＿＿＿＿＿＿＿，＿＿＿＿＿＿＿＿＿＿＿。

　A：假如＿＿＿＿＿＿＿＿＿＿＿＿＿＿＿＿＿＿＿＿＿？

　B：那＿＿＿＿＿＿＿＿＿＿＿＿＿＿＿＿＿＿＿＿＿。

三　假设与想象

1.假如人可以活200岁，那么……。

2.如果地球毁灭，那……。

3.要是我没来中国，那……。

4.万一我们分手了，就……。

自由表达

一 各抒己见：财富的意义

二 假如你父亲是亿万富豪，他接受比尔·盖茨和巴菲特的劝说要裸捐财产，你会怎么想？怎么做？

三 假如你是比尔·盖茨或巴菲特，你会像他们那样做吗？你做或不做的理由是什么？

相关阅读

财富的福音（节选）

[美]安德鲁·卡内基（Andrew Garnegie）

……

只有三种方式可以处理剩余财富：第一种是留给家族后代，第二种是遗赠给公共事业，第三种是由财富所有人在有生之年妥善处理。迄今为止，这个世界上集中在少数人手中的绝大多数财富都采取了第一和第二种方式。现在，让我们依次来掂量一下这几种方式。第一种方式最不明智。在帝制国家，不动产和大部分财富留给长子，父母的虚荣心通过把其姓氏、名望和头衔丝毫不减地传给子孙后代而得到了满足。在当今的欧洲，这一阶层的这种希望或者抱负已经付诸东流。继承人们由于自己的愚蠢已经败光了家财，或者在地价下跌中变得穷困潦倒。甚至在法律严格限定继承权的英国，也无法维持一个世袭的社会阶层。留给后代的土地很快便转到了陌生人的手中。在共和体制下，财产在孩子们之间的分配要公平得多。但是，善于思考的人不免会问：人为什么应该把大笔的财富留给孩子们呢？如果这样做是出于感情，那么，会不会误导感情呢？一般而言，这对孩子们不好，他们不该承受这种负担。这对国家也不好。除了留给妻子和女儿们适当的收入来源以及很少的生活津贴之外，如果要留给儿子们任何财产，都应该仔细地考虑后果。因为毫无疑问，遗赠巨额财富对受益人往往害多利少。明智的人很快就会明白，为了其家族成员和国家的最佳利益，这种遗赠是财富的一种不当使用。

当然，这并不是说，未能教育儿子们学会独立谋生的人应该放任儿子们在贫困中沉浮。如果父母能够教养儿子们远离游手好闲的生活，或者更值得称赞的是，已经逐渐灌输给他们一种高尚的情操，使之明白他们处在一种能够为公众服务而不必考虑金钱的地位，那么，父母也有责任留给他们适度的财富。也有一些有关百万富翁的儿子们没有被惯坏而仍能恪尽社会职责的例子，但遗憾的是，这样的后代相当罕见。然而，这不是例外，而是规律，人们必须认识到这一点。考察一下那些留下巨额财产的后果，善于思考的人立刻就会明白："留给儿子'万能的金元'无异于留给他一条祸根。"遗产决不是孩子们的福利，而家庭的荣誉才是激励他们有所作为的福音。

至于第二种处理剩余财富的方式，也即去世时将财产留做公共用途。假如一个人宁愿等到自己死后世界才变得更加美好，那么，这种方式也不失为一种处置财富的手段。这种遗赠的结果显而易见，遗赠人并没有打算激励财富在自己的身后得到最佳的运用。有关的例子并不少见，遗赠人的真正目标往往难以实现，真正的意愿也常常被束之高阁。在很多情况下，这些遗赠的使用只是成了他的荒唐行为的纪念物。我们最好记住：花钱与赚钱一样需要高超的才能；唯有运用得当，财富才能真正对社会有益。此外，客观地说，不得已而为之的行为不会得到人们的赞美，死后才把财富留给社会也不会得到社会的感谢。对于以这种方式留下大笔财富的人，人们会很自然地认为：如果能把财富带走的话，他们根本就不会留下一分钱。这种做法不可能给人们留下感激的怀念。因为他们的礼赠一点儿也不优雅。这就难怪这种遗赠通常算不上什么福音了。

对死后留下的巨额财产越来越重地课税是一个值得喝彩的迹象，表明公众的观点正在发生有益的变化。……为了公共的目的使用这些财产对社会是有益的，应该让那些终其一生不断地积蓄起巨额财富的人感觉到，他的财产主要来自于社会，社会以国家的名义应该享有的那一部分财富不应该被剥夺。征收沉重的遗产税，也是国家对自私的百万富翁的不值得尊重的人生的一种谴责。

……

最后，只剩下最后一种处置巨额财富的方式了，事实上，正是这最后一种方式能够真正矫治目前的财富分配不均，使富人与穷人彼此和解，和谐相处；并且不必像激进主义者所主张的那样彻底革新现存秩序，也不用完全推翻我们的文明。这种方式建立在最强烈的个人主义制度之上，而且，人类已经为其作好了准备，在人们愿意的任何时候都可以将其不同程度地付诸实践。在这种方式下，我们会拥有一个理想的国度，聚集在少数人手中的剩余财富会因为妥善用于公益事业而成为实质上的多数人的财产。而且，通过少数人之手，这些财富更有可能成为改善我们人类状况的有效力量，远比在全民中分散为很多笔小钱更加有用。甚至最穷苦的人也能明白这个道理，并同意把大钱集中在他们的某些同胞公民手中、用于公共事业，因为群众是公共事业的主要受益人；比起在很多年里撒胡椒面式地散发给他们微不足道的小钱，这种方式要有价值得多。

……

慈善捐助的首要原则应该是：帮助那些愿意自助的人；助那些奋力自救的人一臂之力；帮助那些借助这些捐助就能够重新自立的人；可以协助，但是，几乎不可以或者永远不可以大包大揽。浮泛的施舍救济既不能改良个人，也不能改良人类。真正值得资助的、有出息的人，除非遭逢事故或者意外变故、万不得已，是不会求人帮助的。当然，每个人都可以根据具体情况作出自己的判断，分清楚哪些求助不应忽视，只要及时援手便能够产生真正的好结果。但是，在一个人需要应对很多求助的个人的情况下，他不可能了解每个人、每件事的详细情况。由于鼓励恶习比拯救美德对社会的危害更加重大，只有绝无仅有的真正的社会改革家才能在小心谨慎、焦虑不安中做到资助值得资助的人，而不把钱财给予游手好闲之徒。

……回馈社会的最佳方式就是将财富用于能够提升人们的抱负的地方——有益于人们身心健康的免费图书馆、公园和休闲设施。给人们带来乐趣、提升公众品位的艺术作品，以及能够改善人们的总体状况的各种公共机构。以这种方式将他们的剩余财富回馈给他们的大众伙伴，才能使大众长久受益。

贫富矛盾就此解决。财富集聚的法则和财富分配的法则，都将得以自由运行。个人主义得以继续，但百万富翁将只是穷人的信托人，暂时受托为社会创造更多的财富，但其对财富的管理要远远好于社会自己的管理。人类将发展到这样一个阶段，最优秀的头脑清楚地认识到，处理勤勉而来的剩余财富的最佳方式莫过于常年将之用于公益事业。这一天的曙光已经升起。带着巨额财富而死、大部分财富又被迫留给公众的人，不会得到公众的同情。生前有时间理财却在身后留下巨额财富的人，将"没人哭泣，没人尊重，没人怀念"，不论他带不走的那些钱财最终被作何用处。公众对这种人的结论将会是："拥巨富而死者耻辱。"

以我之见，这就是有一天能够解决贫富差距问题的关于财富的真正福音，而且会让"地上和平，善在人间"。

（选自《财富的福音》（*The Gospel of Wealth*），[美]安德鲁·卡内基著，杨会军译，北京：京华出版社，2006）

说一说：1. 富人处理自己的财产有哪三种方式？

2. 你赞成"拥巨富而死者耻辱"这一说法吗？

找到自己的蓝色地带

话题背景

生命是宝贵的，能够长寿是令人羡慕的。但是，怎样才能长寿呢？研究发现，不同地区的寿星们生活条件虽然有很多差别，但在饮食方式、人际交往方式和价值观上却有很多相似之处。

蓝色地带，这是人口统计学的一个专业术语，专指世界上拥有最高比例长寿人口的地区，如意大利的撒丁岛和日本的冲绳。在这些地区，人们的寿命长得不可思议，90多岁、100多岁还很硬朗。寿星们有什么养生秘诀呢？研究发现，秘诀就隐藏在他们吃的食物、交往的伙伴以及自我价值观里。

回答问题

1. 什么是"蓝色地带"？
2. 寿星们的养生秘诀与什么有关？

秘诀一：积极但不刻意地运动

寿星们都不会去跑马拉松，或者参加铁人三项全能运动竞赛，更不会在周末的早上突然变成运动狂人。相反，他们从事的是有规律、低强度的身体活动，这通常是他们生活的一部分。据说撒丁岛的牧羊人每天步行8公里以上，这对心血管的健康大有好处，对肌肉和骨骼也有积极影响，而且不会引起关节损伤。

不要为了锻炼而锻炼。如果不愿意去健身房，也不必勉强自己，但要注意在日常生活中增加运动的时间。比如不开车，走路去购物；上班时，在休息的时候散散步，而不是坐着喝咖啡、吃零食。尽可能养成好的生活习惯，保持健康的机会就会多很多。当然，如果你恰好喜欢运动，那也可以有很多选择：有氧运动可以提高身体运输氧气的能力；散步和站立可以提高骨骼强度，防止骨质疏松；瑜伽则可以增强平衡能力。总的原则是要持之以恒。

> **回答问题**
>
> 1. 寿星们不去从事哪些运动？
> 2. 有规律、低强度的身体活动有哪些好处？
> 3. 关于锻炼，作者有什么建议？
> 4. 不喜欢运动的人可以怎么健身？喜欢运动的人有哪些选择？
> 5. 总的原则是什么？

秘诀二：让生活"苦"一点儿

在日常生活中多活动，别让自己过得太舒服了。比如尽可能摆脱对遥控器的依赖，或者尝试用更"原始"的方式做家务，多给身体一些活动的机会。

不要贪恋糖、脂肪、盐这一类可以取悦味蕾的东西，少吃加工类食物（虽然口感更诱人，但往往有很多添加剂），这些都对身体无益。相反，应该多吃一些苦味的食品，比如冲绳人爱吃的苦瓜，富含抗氧化物和降血糖的复合物，撒丁岛的百岁老人饮食也非常清淡，以植物为主，偶尔吃点儿肉。百岁老人餐桌上的常客是：新鲜蔬菜、水果、豆类、坚果。

另外，吃饭切记"八分饱"原则。不要吃到"饱"，吃到感觉"不饿"就行了。这样做的一大好处是可以减少自由基对细胞的破坏，同时，还有减肥的功效。而只要减少10%的体重，就有助于降低血压和胆固醇，减少心脏病的风险。

> **回答问题**
>
> 1. 在日常生活中怎样找到活动的机会？
> 2. 应该少吃什么，多吃什么？
> 3. 百岁老人常吃哪些食物？
> 4. 吃饭吃到"八分饱"有哪些好处？
> 5. 你通常吃饭吃到几分饱？

秘诀三：拥有明确的生活目标

对蓝色地带的老人们来说，生活目标最简单的阐释就是"说出早上起床的明确理由"。从经济上到精神上给孩子们提供各种支持，感觉到自己虽然年迈，但仍被家人所需要。这种强烈的使命感、责任感和被需要的感觉，使得每一天都变得有意义。生活中充满目标的人，愿意学习，头脑敏锐，老人也不例外。

秘诀四：和家人在一起

研究表明：生活在和睦、健全的家庭中的人受到抑郁和压力伤害的机会比较少。与子女同住的老人较少得病，饮食更健康，发生严重事故的情况也少得多。有一项对1189位老人的跟踪调查结果表明，和家人生活在一起的老人思维更敏锐，社交能力更强。

多花一些时间和你的家人在一起吧！如果做不到每天都能让全家人坐在一起吃顿饭，至少可以建立一个全家人一起度假的传统，或者有计划地庆祝节日，用意是来强化家庭的聚合度。

秘诀五：和朋友一起笑

笑能减轻压力，从而降低患心血管疾病的风险。而有价值的感觉、被关心的感觉、被喜爱的感觉，也都对健康有积极作用。蓝色地带的长寿老人大都拥有良好的社交活动，有固定的跟朋友聚会聊天儿的时间。

跟好友在一起能让人感到幸福。朋友们不仅提供社会支持，也能

提供经济和情感上的支持，想到身边总有人会关心、帮助你，能减轻你的压力。

回答问题

1. 笑对健康有哪些帮助？

2. 哪些感觉对健康有积极作用？

3. 朋友们能带来哪些方面的帮助？

秘诀六：放慢生活节奏

放慢生活节奏可以减少压力，不仅对保持心理健康有益，而且对抵抗疾病也有好处。为此，我们应该学着放慢生活的节奏。比如从一顿丰盛早餐开始一天的生活：坐在餐桌旁，细嚼慢咽，给自己更多时间去品味食物的滋味，而不是一边赶路，一边拿着路边买的随便什么东西狼吞虎咽。

练习瑜伽和冥想也是放松的修炼途径。通过定期冥想，我们会逐渐认识到很多时候的急躁、焦虑和强求毫无必要，微不足道。

回答问题

1. 放慢生活节奏对健康有哪些好处？

2. 怎样从吃早餐开始学习放慢节奏？

3. 还有哪些放松的途径？

4. 定期冥想能让我们认识到什么？

秘诀七：找到归属感

据研究，平时关注精神层面生活的人患心血管疾病的可能性较低，不容易受情绪困扰、沮丧和产生自杀倾向，免疫系统的功能更好。所以，建议你不妨参加一两个精神方面的社团，读书会、话剧社或者宗教方面的团体都可以。如果给自己确立一个清晰的行为规范，并且在生活中遵循它行事，内心就会因为感到自己过着"正确的生活"而平和宁静，获得更强大的自我意识和幸福感。

回答问题

1. 平时关注精神生活可以避免哪些身心方面的问题？

2. 作者有什么建议？

3. 确立清晰的行为规范并遵循它行事，会获得什么样的感觉？

词语表 Vocabulary

| 1. | 术语 | shùyǔ | 名 | 各门学科中的专门用语。 |
| | | | | 科学~/研究~ |

| 2. | 不可思议 | bù kě sī yì | | 形容对事物的情况、发展变化或言论觉得不可想象或难以理解。 |
| | | | | 这种说法简直~！ |

| 3. | 硬朗 | yìnglang | 形 | 身体健壮，多形容老人。 |
| | | | | 身体~ |

| 4. | 疏松 | shūsōng | 形 | 松散，不紧密。 |
| | | | | 骨质~ |

| 5. | 瑜伽 | yújiā | 名 | 印度的一种传统健身法，即Yoga。 |

| 6. | 味蕾 | wèilěi | 名 | 舌头表面的味觉感受器。 |
| | | | | ~分布/刺激~ |

7.	自由基	zìyóujī	名	机体氧化反应中产生的有害化合物，可损害机体组织和细胞，引起慢性疾病及衰老。
		生成~/消除~		
8.	胆固醇	dǎngùchún	名	醇的一种，胆固醇代谢失调会引起动脉硬化和胆石病。英语为cholesterol。
		~高/摄取~		
9.	年迈	niánmài	形	年纪很大。
		~的父亲。		
10.	细嚼慢咽	xì jiáo màn yàn		吃东西的时候仔细咀嚼，慢慢下咽。
		要养成吃饭~的好习惯。		
11.	狼吞虎咽	láng tūn hǔ yàn		形容吃东西又猛又急的样子。
		孩子饿坏了，吃得~的。		
12.	冥想	míngxiǎng	动	深沉地思索和想象。
		苦思~/陷入~		
13.	修炼	xiūliàn	动	指传统道家的修道、炼气、炼丹等活动。
		~术/~已久		
14.	免疫系统	miǎnyì xìtǒng		机体自身具有抵抗疾病能力的组织系统。英语为immune system。
		~遭到破坏。		
15.	社团	shètuán	名	各种群众性的组织的总称。
		~活动		

寿星们都不会去跑马拉松，或者参加**铁人三项全能运动**竞赛，更不会在周末的早上突然变成运动狂人

铁人三项全能运动：综合性运动竞赛项目。比赛由天然水域游泳、公路自行车、公路长跑三个项目按顺序组成，运动员需要一鼓作气赛完全程。英语为triathlon。

近义词辨析与表达的准确性

　　同一个意思，常常有几个近义词可以表达，在交际中可以根据交谈的对象、话题、场合来选择一个最准确、恰当的说法。本课中说到人的年龄，不同的对象就有不同的说法，有的通用，有的专用；有的着眼于性别，有的着眼于年龄段。另外，使用时还要注意口语与书面语的区别。多进行近义词的辨析练习，有助于提高表达的准确性和得体性。

交际任务　Tasks

一　介绍一个你知道的"蓝色地带"

　　介绍要点：1. 说明这个"蓝色地带"所在地区、长寿者的比例、他们的生活状况等；

　　　　　　　2. 这里的长寿者们的饮食习惯、生活方式、价值观。

二　将课文里介绍的长寿秘诀告诉你身边的老人

　　活动要求：1. 熟记2~3条秘诀，在跟身边的老人聊天儿时告诉他们，并问一问他们是否也是这样做的、他们有哪些自己总结的秘诀；

　　　　　　　2. 将聊天儿结果整理好，上课时向大家介绍。

三 小调查：长寿老人们的生活观

活动要求：1. 从饮食习惯、锻炼方式、人际交往、家庭关系、生活目标等方面准
备提问；

2. 记录老人们的回答，尤其是以前没听到过的说法、观点；

3. 整理调查结果，上课时汇报。

课文理解

一 简要概括本课的话题

二 介绍寿星们的长寿秘诀

三 长寿是否意味着幸福?

词语练习

一 词语归类：找出与健康、长寿有关的词语、说法（如"长命百岁"、"寿
星"）

二 根据解释说出对应的词语

1. 对事物的情况、发展变化或言论觉得不可想象或难以理解——

2. 吃东西又猛又急的样子——

3. 吃东西的时候仔细咀嚼，慢慢下咽——

4. 身体健壮，多形容老人——

5. 松散，不紧密——

三 词语填空

狼吞虎咽　　不可思议　　硬朗　　术语

1. 吃东西慢一点儿对消化有好处，不要这么（　　　　　　）的。

2. 请你解释得简单明白一点儿，（　　　　　　）太多，我们这些外行听不懂。

3. 我爷爷性格开朗，喜欢运动，80多岁了，身体还很（　　　　）。

4. 用废品能做出这么漂亮的东西？简直太（　　　　）了！

四　词语辨析

（一）健康　　结实　　硬朗

1. 看到年迈的父母身体（　　　　），生活顺心，我心里踏实了不少。

2.（　　　　）生活，努力工作。

3. 这个孩子从小瘦弱多病，现在身体也不太（　　　　）。

（二）岁数　　年龄　　芳龄　　高寿

1. 请在表格的这一栏里填写你的（　　　　）。

2. 老人家，您今年（　　　　）啊？

3.（　　　　）不大，口气不小。

4. 姑娘（　　　　）十九，浑身上下洋溢着青春的气息。

（三）善良　　友善　　善事

1. 人们都喜欢和态度（　　　　）的人打交道。

2. 母亲心地（　　　　），乐于助人，所以人缘儿特别好。

3. 出家人慈悲为本，做（　　　　）不求回报。

成段表达

一　模仿例句，完成句子

1. 寿星们都不会去跑马拉松，或者参加铁人三项全能运动竞赛，更不会在周末的早上突然变成运动狂人。相反，他们从事的是有规律、低强度的身体活动，这通常是他们生活的一部分。

（1）善于教育孩子的父母不会唠叨个没完，相反，……。

（2）真正的聪明人不会处处显示自己，相反，……。

（3）……，相反，……。

2. 不要为了锻炼而锻炼。

　　（1）老师常说，考试是为了促进学习，不要为了……而……。

　　（2）节俭是为了生活得好，不要为了……而……。

　　（3）……，不要为了……而……。

3. 研究发现，秘诀就隐藏在他们吃的食物、交往的伙伴以及自我价值观里。

　　（1）研究发现，……在所选择的消费方式里。

　　（2）琢磨以后发现，秘密就在……。

　　（3）研究发现，……。

4. 吃饭切记"八分饱"原则。

　　（1）与人相处切记……。

　　（2）在异国他乡生活切记……。

　　（3）……切记……。

5. 建议你不妨参加一两个精神方面的社团，读书会、话剧社或者宗教方面的团体都可以。

　　（1）如果想减肥，建议你不妨……。

　　（2）情绪低落的时候，建议你不妨……。

　　（3）……，你不妨……。

二　**串词成篇：用所给第一个词语作为话题，尽量使用所提供的其他词语编一个小故事**

1. 不可思议	不是……，就是……	秘诀	不妨
2. 持之以恒	不是……，而是……	习惯	刻意
3. 狼吞虎咽	虽然……，但是……	享受	切记

自由表达

一 各抒己见：你打算怎样养老？

二 辩论：长寿是福/长寿非福

正方观点：长寿是福。生命是宝贵的，能够活得长久就是幸福。

反方观点：长寿非福。如果生活质量不高，长寿又有什么意义？

相关阅读

（一）百岁老人写下长寿秘诀

新加坡有位长寿老人名叫陈君礼，几天前安详离开人世，享年103岁。临终前，他用毛笔字写下了自己的长寿秘诀留给子孙们借鉴。据悉，1900年出生的陈君礼是一位中医，早年从中国潮州移居新加坡。虽然已是百岁高龄，但老人精神奕奕，即使是最近几年，他除了走路需要拐杖外，看报纸连眼镜都不用戴，且思路异常清晰，说起自己和家人生活中的点点滴滴，他都记忆犹新，令他的孙子们都自叹不如。

陈君礼写的养生秘诀将近20页，他透露自己的养生之道其实非常简单，不外乎就是规律的生活，少吃多餐，多菜少肉，讲究卫生等。他每天吃6顿饭，但每顿都是半饱。他的菜单包括：早餐：7点起床，做简单的体操后，喝一碗白米粥；早茶：看过报纸后，10点左右喝一杯加奶的咖啡；午餐：写一个半小时的毛笔字后，12点吃顿清淡的午饭；午茶：下午3点，喝中国的功夫茶，吃点儿小点心；晚餐：傍晚5点半，吃简单的晚餐，来一小杯白兰地；夜宵：晚上10点，喝碗稀粥，然后上床睡觉。

数十年来，陈君礼老人从未间断的是每天早晚各一次，坐在书桌前提起毛笔练习书法，几十年来他把自己跨世纪的一生以及子孙们的生活趣事都用毛笔记录了下来，写了整整10本回忆录。

说一说：这位百岁老人的养生之道给人哪些启发？

（二）人老了是什么感觉

一天，一个年轻人问我，人老了是什么样的感觉。我一下怔住了，因为我还从来没有想到过——我已经老了。

或许在我的生命中，这是第一次，我感觉我活出了理想中的自我。很多时候，我也对自己的身体感觉到绝望：满脸的皱纹，松弛的眼袋，下垂的屁股。我也常常因为看到镜中老态龙钟的自己而感到震惊，但我不会为这些事情痛苦不堪。

我永远也不会去用真挚的友谊、精彩的生活或温馨的亲情，去换取少一些白发和扁平的肚子。我老了，也就更懂得去善待自己，对自己少了些苛刻。我成了我自己的朋友。我不会因为自己多吃了一片甜饼，或没有整理床铺，或花钱买了自己根本不需要的膨胀螺丝而斥责自己。我老了，我就有了资格去大吃大喝，邋里邋遢。我见过太多的好友过早地离开了这个世界，还没有来得及安心享受这伴随着年老而来的宝贵的自由。

如果我愿意，我可以看书、玩儿电脑一直到凌晨四时，然后再一觉睡到过午，这又关别人什么事儿呢？

如果我愿意，我可以独自一人听着五六十年代的优美旋律而翩然起舞；如果我愿意，我可以为我逝去的爱情一洒伤心之泪，想哭就哭……

如果我愿意，我可以穿着被发福的身体绷得紧紧的泳装在海滩上悠然漫步，然后纵情跃入海浪之中，才不管那些身着比基尼的人向我投来的怜悯目光。她们也会变老的。

我知道，我的记性不好了。可话又说回来，生活中的有些事情该忘记的就得忘记。当我们到达生命的终点，我只带上一生中那些最美好的回忆。

我竟有这样的福气，黑发变成了银丝，青春的欢笑在我的脸上雕刻出了道道皱纹。有多少人，还没有开心地笑过；又有多少人，还没有熬到皓首就已经悲戚地离去。现在我说"不"就是不，我说"行"就是行。当你慢慢老去的时候，你就会变得更加达观，你就更不在乎别人对你的看法。

我不再自我怀疑，我甚至修来了可以犯错的权利。

我喜欢现在的我。我不会长生不死，但只要我活着，我不会浪费生命去悔恨过往，也不会为将来而去忧虑，每天餐后，我还要吃香甜的点心……

这就是年老的感觉，我喜欢年老，它给了我自由。

（选自莫里斯同名文章）

说一说：1. 作者思考问题的方式有什么特点？

2. 你怎么理解"我喜欢年老，它给了我自由"这句话？

10 微博改变一切

话题背景

2006年3月，blogger的创始人威廉姆斯(Evan Williams) 在美国推出了第一个社交网络及微博客服务的网站Twitter，用户能用数百种工具更新信息，每条信息限定不得超过140个字。它的出现，把世人引入了一个叫"微博"的世界里。2009年8月，中国最大的门户网站之一新浪网首次提供微博服务，微博自此正式进入中文上网主流人群视野。

"啊？微博？什么是微博？"

"怎么，你还不知道微博？你还没用过微博？你out啦。"

什么是微博？

微博就是每次发布都不超过140个字的微型博客，是表达自己，传播思想，吸引关注，与人交流最快、最方便的网络传播平台。

有人说，微博只是虚拟世界里的沟通工具而已。

是，也不是。微博是一个虚拟的传播平台，但也是你现实生活的

一部分。在这里,不仅有你想要的知识、信息、乐趣乃至感情,最重要的,微博还是千千万万个相互关注、充满爱心的微博人之间最直接也最真诚的互动。

李先生是一位成功人士,一位青年人心目中的人生导师。他最近出版了一本书,谈他如何通过开设微博,运用微博传播思想、结识朋友、与网友交流的经历。作为一位拥有数百万粉丝的名博,他期望能与读者们分享他写微博的心得经验和逸闻趣事,书中称:"微博改变了我的生活,也将改变你的未来。"

> **回答问题**
>
> 1. 什么是微博?
> 2. 在微博里可以找到什么?
> 3. 李先生的书主要包括哪些方面的内容?
> 4. 李先生表达了什么样的期望和基本观点?

李先生:我的微博之路

说来好笑,李先生写微博,竟然是起因于别人对他的冒名顶替。

因为是名人,有人为了吸引粉丝,用李先生的名字在Twitter上开了账户,以他的口吻频繁发布消息。起初李先生还不打算追究,可是,这个山寨版的"李先生"弄假成真,他发布的消息居然被许多媒体竞相引用。这种情况让李先生想到:既然微博的流行程度已经到了有人不惜以冒名顶替的方式来吸引大家关注,那么自己应该考虑接受这个新鲜事物,撰写真正属于自己的微博,来扩大影响力。于是，2009年6月，他正式开始了他的微博之路。

李先生总结说，从微博新手到拥有千万粉丝，经过了一个慢慢熟悉、慢慢总结规律、逐渐得心应手的过程。一开始，他主要是写"我在做什么"，诸如送女儿去美国上大学，吃好吃的，如何挑选手机等等。他的粉丝们很喜欢这些富有家庭温情的故事，也很想知道他所听所见的逸闻趣事。但他很快发现，粉丝们的兴趣远远不止于此。很多人更愿意知道他对某个新闻事件的看法，对产业发展的判断，对青年人创业的指导意见，以及怎样写好微博的建议等等，这些大致可以归类为"我在想什么"。与"我在做什么"相比，"我在想什么"对其他人更有帮助，也更有影响力。

在这一年，李先生离开原来的大公司自己创业，成为当时的一大新闻。他越发体验到微博这个平台的神奇，发现微博不仅可以让他更容易处理与媒体、公众的沟通，而且可以用超乎寻常的速度把他想表达的思想、观点传递给千千万万网友。从那时起，微博真正成了他生活中的一部分。因为他每天几乎随时都要发微博，朋友戏称他是"微博控"。

回答问题

1. 李先生是怎么开始写微博的？
2. 李先生写微博经历了一个怎样的过程？
3. 李先生对微博这个平台的神奇有哪些体验？
4. 朋友现在对李先生有什么评价？

以下是李先生谈论微博的片段：

微博现象

10年前，一个人想在网上发出自己的声音，是通过建一个个人网站，这需要钱、时间和技术。并非人人都能轻而易举地做到。

而今天，我们不仅拥有论坛、博客、社交网络等很容易发出自己声音的地方，还拥有了神奇的微博！最近我参加一个聚会，惊讶地发现，几乎所有参加聚会的人都拿着手机在拍照，把聚会中的新鲜事儿通过微博立刻跟其他朋友和粉丝们共享。朋友们见面，互相索要的已经不是最新的名片，而是各自的微博网址。以前很多人上网第一件事就是打开门户网站，而现在的第一件事则是打开自己的微博首页。

无疑，今天的互联网，已经和10年前那个近乎静态的互联网有了天壤之别！最重要的是，10年前，互联网上的主角是网页和信息，今天则是一个又一个活生生的人。在网络中生活，在网络上社交，在网络上展示自己、影响他人，这已经成了新一代网民对网络生存方式的共识。但是，真正把社交网络和信息发布平台这样的概念推向极致的，非微博莫属！看一看那些名博动辄数以万计的粉丝数量，看一看以微博为媒介的各种热点事件，你会觉得微博的力量无论用怎样的夸张形容都不过分，它已经成了全球最具活力的社会化新媒体。

回答问题

1. 如果想在网上发表看法，10年前和现在有什么不同？
2. 李先生参加聚会时有什么新发现？
3. 互联网跟10年前相比，变化大吗？最主要的变化是什么？
4. 为什么说微博的力量怎么形容都不过分？

微博故事

故事一：当了一回直播节目的男主播。2009年11月，北京下了一场鹅毛大雪，造成多个航班延误，李先生乘坐的航班也在其中。他从得知延误消息时起开始用微博发消息，旅客滞留机场前前后后30多个小时，他用微博记录和广播了全过程，不但让粉丝们在第一时间了解了他亲历的新闻事件，也为他自己留下了一份珍贵的回忆。

故事二：横跨大洋两岸紧急救援。2010年年底，李先生的一位博友王先生去纽约出差，丢了护照，他通过微博发出求助信息："长话短说，总之我被留在了纽约。急需北京市公安局核实身份后发传真给领事馆，他们才能补办证件。哪位博友能帮忙？谢谢啦！"这条信息在第一时间被许多热心的粉丝转发，大概五分钟后李先生就看到了。他恰好在相关部门都有熟人，可以在最短的时间里帮上忙，于是立即通过微博给王先生发出了私信，请他随时保持联系。李先生和朋友们以最快的速度帮助他咨询、办理了各种手续。三天后，王先生拿到了补办的证件，发微博感谢所有帮助过他的人。此前，他跟李先生其实只有一面之缘，彼此留下了很好的印象，但并没有深交。通过这次救援事件，他们成了意气相投的好朋友。

类似的救援事件在微博上一次次上演。从这个意义上说，微博早已脱离了个人化发布与交流工具的范畴，它已经成为我们这个社会不可或缺的一种黏合剂，正在把虚拟和现实、个人和群体、空间和时间，用它独有的小巧、灵便的方式串联起来。以往任何一种媒体形

式，都不曾像微博这样，只用140个字，就能这样深入人心，深入到我们生活的方方面面。

> **回答问题**
>
> 1. 第一个故事的主要情节是什么？微博在其中发挥了什么作用？
> 2. 第二个故事里，博友王先生遇到了什么麻烦？他怎么求救？
> 3. 李先生和其他网友是怎么通过微博紧急救援的？
> 4. 类似的救援事件说明了微博具有什么特点？

大家一起来"织围脖"

现在，不管是大名人还是草根，不管是国际新闻、社会热点问题，还是明星八卦，都在微博上热闹登场。

喜欢利用谐音开玩笑的北京人，把写微博戏称为"织围脖"。你如果不想与世界脱节，你如果渴望沟通，别等了，一起来"织围脖"吧。

> **回答问题**
>
> 1. 现在微博上有哪些内容？
> 2. 北京人怎么称呼微博？

（根据李开复《微博：改变一切》改写）

词语表 Vocabulary

1. 冒名顶替　mào míng dǐng tì　假冒别人的姓名，代他去干事或窃取他的权力、地位。
   ~他人领取驾驶执照属于违法行为。

2. 口吻　kǒuwěn　名　嘴唇，嘴。也指口气。
   ~相似/骄傲的~

3. 弄假成真　nòng jiǎ chéng zhēn　本来是假装的，结果却弄成了真的。
   本来只是在戏里演恋人，没想到~。

4. 竞相　jìngxiāng　副　互相争着（做）。
   ~压价/~购买

5. 逸闻　yìwén　名　多指没有正式记载的传闻。
   ~一则/~琐事

6. 超乎寻常　chāo hū xúncháng　在合理或可以接受的限度以外。
   ~的反应/想象力~

7. 轻而易举　qīng ér yì jǔ　事情一举手就可以做好，比喻极其简单。
   ~拿到签证/通过考试~

8. 天壤之别　tiān rǎng zhī bié　像天和地那样相隔很远，比喻差别很大。
   大城市和偏远农村的生活有~。

9. 极致　jízhì　名　达到的最高程度。
   ~旅行/艺术的~

10. 延误　yánwù　动　迟延耽误。
    ~时间/飞机~

11. 滞留　zhìliú　动　停留不动。
    ~不归/~车站

12. 长话短说　cháng huà duǎn shuō　要说的话很多，一时不能说清，只用简短的话表明主要意思。
    时间很紧，我就~吧。

| 13. | 核实 | héshí | 动 | 检验和查证，审核是否属实。 |
| | | | | ~身份/经过~ |

| 14. | 一面之缘 | yí miàn zhī yuán | | 只见过一面的情景。 |
| | | | | 虽然有~，但后来没有什么来往。 |

| 15. | 意气相投 | yì qì xiāng tóu | | 指志趣和性格相同的人，彼此投合。 |
| | | | | ~的朋友，不用多解释就能互相理解。 |

| 16. | 黏合剂 | niánhéjì | 名 | 具有黏性的物质，用来将两种或几种分离的材料连接在一起。 |
| | | | | ~的作用 |

| 17. | 串联 | chuànlián | 动 | 为了共同的行动，进行联系。 |
| | | | | ~活动/进行~ |

| 18. | 八卦 | bāguà | 名 | 本为中国古代一套有象征意义的符号。此处指非正式的小道消息或者新闻。 |
| | | | | 易经~/明星的~ |

| 19. | 登场 | dēng chǎng | 离 | 原意指演员登上舞台演出，可泛指进入某种场地。 |
| | | | | 主持人~/粉墨 ~ |

注 释 Notes

1 作为一位拥有数百万**粉丝**的名博，他期望能与读者们分享他写微博的心得经验和逸闻趣事

粉丝：指狂热地喜欢某一明星或名人的人。英语fans的音译。例如：

① 开通微博不到一个月，我的粉丝数量已经达到100万。

② 据说现在某人的粉丝会被称为"某粉"。

2 这个<u>山寨版</u>的"李先生"弄假成真，他发布的消息居然被许多媒体竞相引用

山寨版：指假冒品。在广东话中原指没有牌照、通过仿制正规产品的工厂，现引申为盗版、仿制的同义词。例如：

① 这个牌子的手机有山寨版的，买的时候要小心。

② 连春节晚会居然都出来了山寨版。

3 因为他每天几乎随时都要发微博，朋友戏称他是"<u>微博控</u>"

微博控：指对微博入迷的人。"控"来自于日语对英语complex（情结）的音译，意思是"对某种事物或活动非常喜爱的人"，如手机控、电脑控。流行语。例如：

① 女朋友说她离开咖啡就活不下去，所以我叫她咖啡控。

② 这个汽车控，说起汽车来滔滔不绝。

4 他恰好在相关部门都有熟人，可以在最短的时间里帮上忙，于是立即通过微博给王先生发出了<u>私信</u>，请他随时保持联系

私信：本意是指私人之间的书信，此处特指给某一指定微博好友发送的信息，仅指定对象能够看到。

表达提示 Expression tip

同音词辨听与语境

汉语中存在着大量的同音词，在口头交际中如果脱离语境，有时会因为同音词无法识别而弄不清对方的意思，甚至闹笑话。比如一个人说他不喜欢热闹，吃饭喜欢独品，如果被人听成了"喜欢毒品"，就会吓人家一大跳。再如"切忌"是提醒人一定不能做的事情，而"切记"则是提醒人一定要记住的事情，两个词的发音完全一样。辨别易听混的同音词，主要借助上下文的语境。

有时也可以利用同音词，把谐音作为一种修辞方法，第四课中讲到过这种现象。本文中将"微博"说成"围脖"即属于这种情况，听起来生动幽默。

交际任务 **Tasks**

一 介绍自己的微博

介绍要点：1. 介绍自己从什么时候开微博、微博的主要内容、更新情况等；

2. 微博给生活带来的变化；

3. 如果是在中国用汉语开微博，请说说这对学汉语和交朋友的影响。

二 调查：同学写微博的情况

调查内容：1. 本班写微博的人数；

2. 写微博使用的语言，用汉语写微博的人数；

3. 与微博有关的故事。

三 调查：不写微博的人们怎么说

要求：1. 请被调查者说说不写微博的原因；

2. 请被调查者对微博现象说说自己的看法；

3. 给被调查者讲课文主人公李先生的故事或自己的有关经历。

练 习 **Exercises**

课文理解

一 简要概括本课的话题

二 介绍课文中提到的微博的好处

三 总结微博给人们生活带来的影响

词语练习

一 词语归类：找出与博客、微博有关的词语、说法（如"博文"、"博主"）

二 根据解释说出对应的词语

1. 假冒别人的姓名或身份，以获得某种利益或好处——

2. 本来是假装的，结果却弄成了真的——

3. 在合理或可以接受的限度之外——

4. 事情非常容易做好，好像举一下手那么简单——

5. 像天和地那样相隔很远，比喻差别很大——

6. 用简短的话说出主要的内容——

7. 只见过一次——

8. 人与人之间有共同的兴趣和爱好，相处得很好——

三 词语填空

| 粉丝 | 竞相 | 延误 | 轻而易举 | 一面之缘 |
| 核实 | 八卦 | 山寨版 | 意气相投 | 超乎寻常 |

1. 新闻里说，由于雷雨天气，今天首都机场出现大面积航班(   )。

2. 这不是真的中央台春节晚会，是(   )的。

3. 我跟他聊了一会儿，发现彼此(   )，很快就成了无话不说的好朋友。

4. 小张，这张表格里的数据有点儿问题，请你(   )一下。

5. 这孩子从小就对色彩极其敏感，表现出(   )的艺术天份。

6. 我是姚明的(   )，他的每一场球我都看。

7. 十年前，我们曾有过(   )。

8. 这道数学难题居然被他(   )地解开了。

9. 闲得无聊的时候，我喜欢上网看明星们的(   )新闻。

10. 看到这位名人出来，大家(   )与他合影。

四 同音词辨析

（一）微博　　微薄

1. 他们一家五口靠父亲(   )的工资生活。

2. 近年来，(   )走进了普通老百姓的生活。

（二）微波　　围脖

1. 我昨天买了一个(　　　　　)炉，加热饭菜非常方便。

2. 今天风大，出门别忘了戴(　　　　　)。

（三）何时　　合时

1. 飞机 (　　　　　)能起飞？都延误两个小时了。

2. 天气转凉，穿这件毛衣正(　　　　　)。

（四）核实　　合十

1. 只见他双手(　　　　　)，口中念道："阿弥陀佛！"

2. 在没有把情况(　　　　　)清楚之前，先不要随便处理。

（五）切记　　切忌

1. 肠胃不好的时候，(　　　　　)吃生冷的东西。

2. 如果你的信用卡丢了，去银行挂失(　　　　　)带上护照。

成段表达

一　模仿例句，完成句子

1. 说来好笑，李先生写微博，竟然是起因于别人对他的冒名顶替。

　　（1）说来丢人，我在这里住了这么多年，竟然……。

　　（2）说来不好意思，在这个网络时代，我竟然……。

　　（3）说来可气，……，竟然……。

2. 一开始，他主要是写"我在做什么"，诸如送女儿去美国上大学，吃好吃的，如何挑选手机等等。

　　（1）一开始，我主要是学习书法的基本功，如……。

　　（2）一开始，麦克主要练习发儿化音，如……。

　　（3）一开始，……，如……。

3. 真正把社交网络和信息发布平台这样的概念推向极致的，非微博莫属！

　　（1）能够一口气说出一大串成语的，非……莫属。

　　（2）可以一顿吃一斤饺子的，非……莫属。

（3）……的，非……莫属。

4. 长话短说，总之我留在了纽约。

（1）长话短说，昨天的事情……。

（2）长话短说，搬家的事情……。

（3）长话短说，……。

二 **串词成篇：用所给第一个词语作为话题，尽量使用所提供的其他词语编一个小故事**

1. 弄假成真　　一开始　　　超乎寻常

2. 得心应手　　轻而易举　　不管……，还是……

3. 天壤之别　　冒名顶替　　山寨

自由表达

一 **各抒己见：微博和社会生活**

二 **我看"微博控"**

相关阅读

微博女王说微博

一些名人、名流现在有了新的称呼——微博达人。

他们用140个字表达自己的观点，粉丝用这140个字窥视他们的生活。

被称为"微博女王"的电影明星姚晨，就是这些达人中的一个。

她说，当她看着微博上自己身后那70多万粉丝，"突然觉得我得对这70多万脖子（博友）负责。我一下子悟到，这个数字几乎超过了一份成熟的都市报的日发行量。就是说，我每发布一条消息，竟然可以达到一份报纸的传阅范围，而且速度还要快N倍。一想到这一点，我莫名地有种责任感油然而生，好像总发些家长里短有点儿不像话了？不忙的时候，我开始考虑我该发些什么，不该发些什么。"姚晨一边解释着她的压力源，一边坦言微博在某种程度上让她心智成熟了。

从发逗乐段子、家庭趣事，到对社会新闻发表评论，姚晨承认自己确实想"经营"一下微博，想让自己心里踏实些——在本能地发布生活细节、输送欢乐情绪之外，也对一些公众事件发出一点儿合适的声音。"当然也要谨慎，毕竟我只是个演员，不是政治家、评论员或律师。当阅历和视角不足以对一些事件表达成熟、恰当的看法时，闭上嘴未必是件坏事。更何况，很多事情就像《罗生门》，我也担心自己有时观点偏颇，反而误导部分单纯的'粉丝'啊。"

姚晨由微博产生的这种心态变化，被她自己比喻为"就像谈了一场热恋"。开始彼此新鲜、激情四溢、本能释放，后期阶段则开始稳定经营、细水长流、顺其自然。

回头看自己过去的一年，姚晨说让她挺惬意的是：结识了很多自己关注已久的非时尚、非娱乐的主流媒体，并得到了它们的认可。"就像《新周刊》，我当时怎么也没有想到这么一本有点儿男性气质的杂志会选中我当年度艺人，有点儿受宠若惊。还有《南都周刊》、《南方人物周刊》、《Vista看天下》……几乎都是通过微博彼此真正认识。以前我只是它们的读者，现在得以经常交流，以至于我都觉得自己成了半个媒体人。"

姚晨还感谢微博生涯让自己的社交恐惧症不知不觉治愈了。"以前见人会害羞，不熟的都有点儿端着。一些早就想认识的'名嘴'、'名笔'，见了面也得预热好久。微博让大家免除了这个社交过程，几条评论、几封私信、几个段子就熟络起来。待到公众场合见面时就跟老相识博友聚会似的。"

既然都把微博比做热恋对象了，那怕不怕失去最爱（No.1），又怕不怕"七年之痒"？姚晨说都不怕。"排在第一是我运气好。但这就像游戏打通关，我闯过最高关了，也过了瘾了。但你不能不让别人过关，本来这就是个开放的平台。痒吧，现在还没有。我还时常有心情跟微博恋一恋，但未来发微博可能更是一种习惯，更加无欲无求。它就是一种常态的网络交流工具。"

说到其他名嘴对"微博未来会是另一个娱乐排行榜"的预测，姚晨认为，那倒未必，艺人排名靠前，可能确实因为粉丝群基数大，就像娱乐新闻点击量总会比一些社会新闻要高。但说到底，排名又不代表什么。对演员来说，微博上再火，就算是成了"微博太后"，那也只是锦上添花，不是雪中送炭。最关键的还是大家首先对演技和实力的认可。

（选自《〈新周刊〉2010年度佳作》）

注释：

达　　人：指在某一领域非常专业，出类拔萃的人物。指在某方面很精通的人，即某方面的高手。

《罗生门》：此处指日本著名导演黑泽明导演的电影。其引申义是每个人为了自己的利益而编造自己的谎言，令事实真相不为人所知。

七年之痒：一般是指婚姻到了第七年人们可能会因生活变得平淡而感到无聊乏味，会
　　　　　经历危机的考验。

说一说： 1. 姚晨发微博经历了怎样的心态变化？

　　　　　　2. 你考虑过发微博的责任感问题吗？

11

电脑替罪羊

话题背景

电脑已经成为我们生活、工作中不可缺少的重要工具，它带来的好处不用说了，那么，它是否也会带来困扰呢？这种困扰是电脑本身造成的，还是人脑有问题？

艾克是个来自大洋彼岸的美国小伙子，他和学经济学的吴先生是好朋友，他们经常在一起讨论一些共同关心的话题。今天，他们讨论的话题是"究竟是电脑厉害，还是人脑厉害"。

艾　克：好莱坞的导演们曾经一再担忧，认为人类最终会受制于他们自己发明的电脑。你同意他们的观点吗？我认为很有道理。

吴先生：在我看来，这样的担忧几乎是多余的。因为，就智慧和情商而言，没有任何机器或灵长类动物赶得上善于应变的人类。就拿现在来说吧，在电脑还没有统治人类之前，人类已经学会用它来说假话了。

艾　克：真的吗？请你举个例子。

吴先生：好吧。我给你讲几个小故事。

回答问题

1. 好莱坞的导演们有什么担忧？

2. 吴先生对这种担忧有什么看法？他的理由是什么？

以下是吴先生讲的三个故事。

故事一：在一家百货商店，电话铃响了。

顾　客：喂，是友谊百货商店吗？

店　员：是的，您需要买点儿什么？

顾　客：我要投诉。我昨天在你们店里买了一双皮鞋，才穿了半天就裂开了一个大口子。

店　员：这不关我们的事儿，是电脑出故障了。它把仓库里的残次品当做正品调出来卖了。

顾　客：你们为什么不让人去仓库里找？

店　员：我们店是网络化管理，离开了电脑我们一事无成。

顾　客：那你们不能增加人工服务吗？

店　员：对不起，我们的人事管理也是通过电脑进行的，最近电脑的人事管理系统也出问题了。

顾　客：那你们打算怎么办？

店　员：我们正打算投诉电脑公司，您愿意成为我们的证人吗？

顾　客：算了吧，我只想换一双好皮鞋。

店　员：在我们修好电脑之前，看来您只好将就着穿了。

顾　客：你们怎么可以这样？

店　员：就是这样。托高科技的福，自从引进电脑管理之后，本店的投诉事件正在逐渐减少。

回答问题

1. 顾客要投诉什么事情？

2. 店员是怎样回答的？

3. 这家店为什么不使用人工服务？

4. 顾客愿意当证人吗？

5. 店员怎么解释现在投诉事件逐渐减少？

故事二：在一家酒店的总机室，电话铃响了。

房　客：喂，是总机吗？喂，喂……

总　机：是的。你有话快说，废话少说。我们马上要下班了。

房　客：咦，你这是什么态度？

（嘀……嘀……嘀……）

房　客：是总经理办公室吗？

领　班：是的，我是今天的领班，请问您有什么事情？

房　客：我要投诉你们的总机小姐。她居然让我"废话少说"！太恶劣了！

领　班：对不起，刚才是电脑出故障了。

房　客：怎么会是电脑？明明是人的声音嘛。

领　班：那是我们的一段职业培训教材，刚才电脑出毛病，把我们的服务禁语放出来了，实在对不起。

（领班转身拨通了总机值班接线员李小姐的手机）

领　班：小李，你怎么回事儿？怎么又对顾客耍态度？幸亏每次都有电脑当替罪羊。

小　李：今晚我们几个小姐妹要去听演唱会，正心急火燎地想关了总机走人呢，这时候来电话，能不烦吗？

领　班：把总机关掉？那房客打电话进来怎么办？

小　李：没什么大不了的，我们已经想好对付的办法了。

领　班：什么办法？

小　李：就说电脑坏了，我们没有办法工作。

领　班：万一有投诉呢？

小　李：那就用你的老办法呗，让他们和我们一起去投诉电脑公司。

> **回答问题**
>
> 1. 总机接线员是怎么接房客的电话的？
> 2. 总经理怎么回答房客的投诉？
> 3. 总经理批评接线员小李了吗？
> 4. 你觉得总经理和总机接线员有什么共同之处？

故事三：在法庭上。

法　官：你是大洋公司总经理王立民吗？

被告人：是的，法官先生。

法　官：检察院起诉你贪污公款250万元，证据确凿，对此你还有

什么话要说吗？

被告人：我有话要说。我是被冤枉的。都是电脑惹的祸。

法　官：请你说得明确一点儿。

被告人：我们公司实行了全面电脑化管理。不久前，电脑的财务
　　　　管理系统出故障了，它总是把公司的钱往我的个人账户
　　　　里打。

法　官：你们公司会计的证词里说，所有的转账都是由你签字的。

被告人：那还是电脑出的错儿。我是在电脑上签的字。那段时间
　　　　电脑老是颠倒我输入的密码，同意变成不同意，不同意
　　　　变成同意。

法　官：你怎么证明你的说法？

被告人：那先需要投诉电脑公司，我很希望检察官能做我的证人。

回答问题

1. 被告人犯了什么罪？

2. 被告人怎么解释他贪污公款的罪行？

3. 被告人怎么解释签字的问题？

4. 被告人说他打算做什么？

　　科学技术的飞速发展，为我们的生活提供了很多便利，但也带来
了一些始料未及的问题。许多人因为电脑几乎无所不能而将它视为
生活、工作中不可或缺的"密友"，甚至不讳言自己有"电脑依赖
症"。吴先生讲的三个故事，虽然可能有杜撰的成分，但它所讽刺的
现象，提醒我们从另一个角度去思考人与科学技术的关系。

1.	彼岸	bǐ'àn	名	另一边，对岸。
				到达~
2.	灵长类	língzhǎnglèi	名	目前动物界最高等的类群。人类属于灵长目动物。拉丁文为Primates。
				猴子也属于~吧？
3.	投诉	tóusù	动	指消费者在购买商品或接受服务时，与经营者发生争议，请求有关部门保护其合法权益的行为。
				~商家/处理~
4.	故障	gùzhàng	名	机械、仪表等不能顺利运转的情况。泛指毛病。
				发生~/排出~
5.	残次品	cáncìpǐn	名	有残缺、质量不合格的产品。
				~问题/出现~
6.	证人	zhèngrén	名	对某种事情提供证明的人。
				成为~
7.	将就	jiāngjiu	动	对事物不太满意，勉强适应；凑合。
				~着吃/不喜欢~
8.	领班	lǐngbān	名	班组的负责人。
				当~
9.	恶劣	èliè	形	很坏。
				态度~/~的天气
10.	耍态度	shuǎ tàidu		表现出不和善的态度。
				好好儿说话，别~。

11.	心急火燎	xīn jí huǒ liǎo		心里急得像火烧一样。形容非常焦急。
				一到放假，大家都～地往家赶。
12.	法庭	fǎtíng	名 ～见	法院审理案件的地方。
13.	确凿	quèzáo	形 证据～	真实，确实。
14.	讳言	huìyán	动 ～错误/毫不～	不敢或不愿明说。
15.	依赖	yīlài	动 ～电脑/～父母	依靠某种人或事物而不能自立。
16.	杜撰	dùzhuàn	动 ～故事/纯属～	虚构，没有根据地编造。

注 释 Notes

你怎么回事儿？怎么又对顾客耍态度？幸亏每次都有电脑当替罪羊

替罪羊：本义指古代犹太教祭礼上替人承担罪过的羊。比喻代人受过的人。英文为 scapegoat、whipping boy。例如：

① 每次明明都是你闯的祸，挨罚的却是我，我总是当你的替罪羊。

② 如果不想成为替罪羊，就要把事情的经过讲清楚。

比喻、夸张、反语与讽刺性表达

当我们面对生活中一些不好的人和事儿，需要进行批评、揭露或嘲笑时，常常以讽刺的方式来表达。讽刺常常使用比喻、夸张、反语等修辞手段，使得批评对象的荒谬、错误更为突出、鲜明，可以产生很生动、强烈的效果。

所谓比喻，又称"打比方"，指以有类似点、但性质不同的一事物来比拟想要说另一事物，以便表达得更为鲜明生动。如描写人走得快，说"像一阵风似的"，说代人受过的人是"替罪羊"。

所谓夸张，指为了启发听者或读者的想象力和加强所说的话的力量，用夸大的词语来形容事物。如突出一个人睡觉打呼噜声音大，说"鼾声如雷"。

所谓反语，即说反话，指故意说跟自己真正意思相反的话，用来讽刺。

本课的话题是批评一些人把本来应该用来为人服务的电脑当成推卸责任的替罪羊，恰当地使用比喻、夸张、反语进行讽刺，使得叙述具有了生动、幽默的喜剧色彩。

一　采访："谁当过"替罪羊"？

请将课文中的故事讲给周围的人听，请他们对故事发表看法，并请他们讲一个代人受过的"替罪羊"的故事，记录下来，在上课时报告。

二　讲一个你所知道的用"电脑坏了"作为借口的故事

三　辩论：电脑将会胜过人脑/电脑再先进也要受人的控制

正方观点：电脑将会胜过人脑。

反方观点：电脑再先进也要受人的控制。

练 习 Exercises

课文理解

一 简要概括本课的话题

二 简要叙述课文中电脑的作用

三 你同意吴先生的观点吗？为什么？

词语练习

一 根据解释说出对应的词语

    1. 表现出不和善的态度——

    2. 对事物不太满意，只是勉强接受——

    3. 依靠某种人或事物而不能自立——

    4. 替别人承担过错的人——

    5. 心里急得像火烧一样——

    6. 机器发生不能正常工作的情况——

    7. 不合格的产品——

    8. 一方通过法院控告另一方的行为——

二 选词填空

    受制于   投诉   故障   一事无成

    将就   恶劣   确凿   心急火燎

    1. 他苦苦奋斗了很多年，但是却(　　　　)。

    2. 这种拿电脑当替罪羊的行为实在太(　　　　)了！

    3. 发生了什么事儿？我看见老板接了个电话就(　　　　)地走了。

    4. 那家工厂的机器发生了(　　　　)，不少工人受了伤。

    5. 只有方便面了，你就(　　　　)一下吧。

    6. 这批货质量很差，我们多次接到顾客的(　　　　)。

    7. 如果你不想(　　　　)人，就得让自己强大起来。

    8. 有多个证人证明他的犯罪事实(　　　　)，他无法否认。

三 找出课文中夸张与讽刺的描写

成段表达

一 模仿例句，完成句子

1. 究竟是电脑厉害，还是人脑厉害？

   （1）究竟是商品质量不好，还是……？

   （2）究竟是我的过错，还是……？

   （3）究竟是……，还是……？

2. 人类最终会受制于他们自己发明的电脑。

   （1）环境改善最终会受制于……。

   （2）经济发展最终会受制于……。

   （3）……受制于……。

3. 就拿现在来说吧，在电脑还没有统治人类之前，人类已经学会用它来说假话了。

   （1）就拿上补习班来说吧，……。

   （2）就拿养老来说吧，……。

   （3）就拿……来说吧，……。

4. 算了吧，我只想换一双好皮鞋。

   （1）算了吧，吵架只能……。

   （2）算了吧，受点儿冤枉……。

   （3）算了吧，……。

5. 托高科技的福，自从引进电脑管理之后，本店的投诉事件正在逐渐减少。

   （1）托开放时代的福，青年人……。

   （2）托您的福，……。

   （3）托……的福，……。

6. 没什么大不了的，我们已经想好对付的办法了。

　　（1）没什么大不了的，……能解决。

　　（2）没什么大不了的，我有办法……。

　　（3）没什么大不了的，……。

二　串词成篇：用所给第一个词语作为话题，尽量使用所提供的其他词语编一个小故事

1. 替罪羊　　　贪污　　起诉　　　冤枉
2. 耍态度　　　故障　　残次品　　恶劣
3. 心急火燎　　颠倒　　将就　　　对付

自由表达

一　各抒己见：科学技术进步与人性的弱点

二　讽刺与幽默：我们身边那些可笑的人与事儿

相关阅读

电脑依赖症

1992年，我捧着一台单色屏幕的286电脑进了家门，万万没想到，这个"方脑袋"的家伙会如此深刻地改变了我的生活，从此须臾无法离开，以致养成了严重的"电脑依赖症"。

十几年以来，我经历了从286、386、486、586到奔3，从WPS到WIN95、WIN98直到WINXP，从最初大饼般的5寸软盘到3寸软盘，又从软盘到U盘、光盘直到移动硬盘……

自从电脑进了书房，我就与笔"拜拜"了。从此，我的写作完全依赖电脑，出国时也不得不随身带着手提电脑。

跟电脑的"感情"越深，我的"电脑依赖症"越重。

比如说，如今我要打个电话，得先打开电脑，因为通讯录储存在电脑里。再比如，要查上一回去美国探亲是几月几号，也得打开电脑，因为备忘录也储存在电脑里。至于要查阅自己所写的文章，更离不了电脑，因为所有的文稿都储存在电脑里……我用电脑已经有十多年的历史。用电脑的时间越长，我对电脑的依赖性越大。

过去，我把朋友们的电话号码记在一个小本本里。然而，随着社会交往的增多，各种各样的电话号码越来越多，翻查小本本有诸多不便。输入电脑之后，我把数以千计的电话号码、地址，分类编排，查找很方便。如果一时查不到，运用电脑的搜索功能，一下子就能找到。

"好记性不如烂笔头"。自从在电脑中设了备忘录之后，凡是属于"备忘"之类的事情，在电脑中"敲"上几笔。日积月累，给我带来莫大的方便，同样随时可以"搜索"而得。

改用电脑写作之后，书房里再也没有一摞摞手稿。出国时，带一台手提电脑，相当于带了一个流动书房。国外报刊需要什么文稿，我随时可以从手提电脑里调出来。有时甚至把上千万字容纳在一张薄薄的光盘里，插进任何一台电脑，都可以调出光盘里的文稿。当然，每天在国外的见闻，也可以随时敲进电脑。

现在，就连我外出做讲座，也离不开电脑。我总是把讲座要用的图片扫描到手提电脑之中。讲课时，把手提电脑与大屏幕相连。这样，一边讲座，一边摁键，大屏幕上不时出现相应的图片，这样讲座也做到"图文并茂"，效果好多了。

如今，我对于电脑的最大的依赖有两项：

一是收信和寄信。往日，信要扔进邮筒才能寄出，而收信则必须开信箱。现在，我的大部分信件是依靠电脑里的电子邮箱收发的。记得在1998年前，我的电子通讯录里只有两个儿子的"伊妹儿"地址而已，现在却有上千个"伊妹儿"地址。往日发稿总是要去邮局寄挂号信，现在只消用"伊妹儿"发出去就行了。即便是几十万字的长篇，只消一两分钟，全部发到了出版社的电子信箱里。往日，我家信箱里每天塞满来自四面八方的信件，最多的时候一天二三十封。现在我家信箱里除了各编辑部寄赠的报刊之外，信件已经越来越少。我的大部分信件是通过"伊妹儿"寄来。这样，我每天都得开两三次电子信箱。

二是上网。我已经习惯于在每天清早打开电脑，上网浏览当天的国内外新闻，这比翻阅诸多报刊要方便得多。另外，我还上网查阅各种资料，这比去图书馆查资料要快捷、方便得多。就连出差时买飞机票，我也事先从网上查阅航班时刻表以及价目表。

当然，自从我在博客上安营扎寨之后，对于电脑的依赖就更重了。

人们常说，往往当你失去了什么的时候，才会体会到它的不可缺少。现在，我已经很难想象，一旦世界失去了电脑，世界将倒退多少年，而我将回到"原始"的生活！

说一说：1. 电脑怎样改变了作者的生活？

2. 真要是失去了电脑，人类是否就会退回"原始生活"？

12 禁烟令与戒烟难

课 文 Text

话题背景

关注健康、关注环境，已经成为当今的社会共识。吸烟有害健康、污染环境，多国政府因此而颁布了禁烟令。但是，禁烟令在中国的执行并不顺当，小小的香烟，涉及诸多的利益关系。

2010年5月，中新社发消息称，自2011年1月起，中国内地将在所有室内公共场所、室内工作场所、公共交通工具和其他可能的室外工作场所完全禁止吸烟。

听到这个消息，许多人举双手赞成，特别是那些饱受二手烟之苦的人，更是恨不得连双脚也举起来表示支持。

回答问题

1. 中新社发布了一条什么消息？

2. 赞成者怎么表达对禁烟令的支持？

但是，禁烟令能够顺利实施吗？让我们听听各方的声音。

网民质疑：

我们会依靠什么样的具体措施，来实施这个禁烟令呢？如果没有严格的监管，禁烟令会不会和限塑令一样，只是在某些场合管用，而在另外一些场合形同虚设？

很多人知道限塑令。如果你去买个菜什么的，你就会清楚限塑令的实施情况了。在一些比较正规的超市，限塑令是畅行无阻的，你要想使用塑料袋，就得花钱来买。超市也乐意，因为这么做没什么损失，还节省了这部分成本。而要是不遵行，一旦被人举报，或者被查出来，罚款估计是少不了的。

但是在菜市场的情形就不同了，限塑令的实施就是糊弄。有检查了，商贩们就暂时"限"一下；检查走了，照用不误。这种躲猫猫的游戏玩儿的时间长了，连执法部门也没耐心了，懒得再去检查，于是限塑令在菜市场名存实亡。

比起限塑令，禁烟令的实施难度似乎更大。在大商场、候车室这类大型的公共场所，可能要好一点儿——既然有禁烟的标语，抽烟会显得自己太没素质。但是在办公室这类相对私人化的室内公共场所，烟能禁得住吗？同事们都是熟人，谁能拉下脸来不让别人抽烟？怎么实现有效的监管？我觉得不乐观。

回答问题

1. 网民对禁烟令的实施有什么担心？
2. 限塑令在超市实施的情况如何？
3. 限塑令在菜市场为什么实施不下去？
4. 为什么说禁烟令的实施难度更大？

媒体评论：

我国是烟草生产和消费大国，现有烟民3.5亿人，但遭受被动吸烟的人数高达5.4亿，每年由于吸烟造成的死亡人数达到120万左右……吸烟的危害众所周知，控烟的呼声也日渐高涨。近年来，不断有人大代表和政协委员在全国两会上呼吁控烟，民间也有不少控烟人士及组织呼号奔走。现在，政府终于作出了在室内公共场所禁烟的决定，这真是一件大好事儿。

不过，作出决定是一回事儿，真正落实则是另一回事儿。由于存在健康认知、个人习惯、社会氛围等各方面的阻力，控烟绝不是一件轻而易举的事情。由于烟草行业存在着巨大的利益，导致政府在控烟问题上一直态度暧昧，在制度建设方面也缺乏应有的保障。比如，我国现行的《广告法》对烟草广告只禁止了四类场所、五类媒体，并不禁止互联网及户外广告，在我们的标志性建筑上、高速公路旁，到处都可见到烟草广告。此外，一些隐形的烟草广告也在大行其道，比如烟草企业冠名希望小学或者赞助公益活动等。

在烟盒的包装上，中国的香烟也一直是极尽精美之能事，始终拒绝把"腐烂的肺"等警示性图案印到烟盒上。2008年在南非举行的国际控烟大会，在讨论关于烟草包装警示语的实施准则时，大多数国家都赞成通过，但中国代表团却表示反对，中国也因此而被大会授予了"烟灰缸奖"——此奖是专门颁给控烟不积极的国家的，因为中国"宁要漂亮的烟盒，不要公民的健康"！

虽然控烟的态度不太积极，但中国还是在2003年就成为了《烟草控制框架公约》的签约国。根据《公约》，2011年1月9日，要做到室内公共场所、室内工作场所、公共交通工具和其他可能的（室外或准室外）公共场所免于接触二手烟草烟雾。就连卫生部官员也坦然承认，中国将在室内公共场所全面禁烟是在履行签约国的义务。也就是说，这并不是一次"积极主动"的行动，甚至带有一点儿"不得已"的味道——这就不能不让人担心：中国此次禁烟会不会只是个"姿态"？

回答问题

1. 中国的烟草生产和消费状况如何？造成了哪些危害？

2. 哪些情况可以说明人们对控烟的呼吁？

3. 为什么说在中国控烟不是件轻而易举的事情？

4. 从烟盒的包装上可以看出对控烟的态度吗？

5. 作者对禁烟令的实施有什么担心？

专家建议：

如果国家真要控制烟草之害，有两项工作是最起码的：一，尽快修改《广告法》及《烟草广告管理暂行条例》，全面禁止各种形式的烟草广告，禁止烟草企业借公益之名行宣传之实；二，尽快改变烟草包装的精美化取向，用制度化的手段促使中国的烟盒像大多数国家的烟盒一样充满了恐怖性的警示。既然要禁烟，就应该运用各种手段让人们自觉自愿地远离烟草——一方面主张控烟，一方面却允许烟草企业大作宣传，甚至用工艺品般精美的包装去诱惑公众，这显然是自相矛盾的。

回答问题

1. 专家认为控烟需要做哪些最起码的工作？

2. 在禁烟问题上，哪些地方存在着自相矛盾？

非烟民呼吁：

人为什么要抽烟？我一直百思不得其解。谁都知道香烟里的尼古丁有害健康，吸烟的人容易得呼吸道疾病，患肺癌的比例远远高于不吸烟的人，烟气呛人，污染环境，还浪费钱，真是有百害而无一利，损人不利己。我举双手赞成禁烟令，也呼吁全社会支持、监督这项法规的实施。

回答问题

1. 非烟民怎么表达对抽烟的无法理解？

2. 非烟民认为抽烟有哪些害处？

3. 非烟民对禁烟令持什么态度？

烟民抗议：

我承认，我的烟瘾不小，差不多是嗜烟如命。俗话说，饭后一支烟，胜过活神仙。那种享受，没有体会的人很难想象。再说，有时候赶工作需要开夜车，抽支烟，能提神解乏，提高工作效率，怎么能说有百害而无一利呢？另外，我觉得吸烟是个人的权利。如果禁烟区域过广，在一定程度上剥夺了吸烟者的自由，是对公民权利的侵犯。

回答问题

1. 这位烟民爱吸烟到了什么程度？

2. 他怎么描述吸烟的享受？

3. 他认为吸烟有什么好处？

4. 他怎么看吸烟和公民权利的关系？

从这些不同的声音中，我们可以看到，禁烟令在中国的实施，涉及方方面面的利益和问题，结果如何，还需要拭目以待。

词语表 Vocabulary

| 1. | 形同虚设 | xíng tóng xū shè | | 形式上虽然有，却不起作用，像没有一样。 |

制定规章制度却不执行，那不是~吗？

| 2. | 畅行无阻 | chàng xíng wú zǔ | | 毫无阻碍地通行或通过。 |

有了这张通行证，就可以~了。

| 3. | 糊弄 | hùnong | 动 | 欺骗，蒙混。 |

~人/瞎~

| 4. | 照用不误 | zhào yòng bú wù | | 照旧使用，不受影响。 |

电脑虽然旧点儿，但是可以~。

| 5. | 名存实亡 | míng cún shí wáng | | 名义上还存在，实际上已消亡。 |

发生地震之后，这座城市已经~。

| 6. | 日渐 | rìjiàn | 副 | 一天一天慢慢地，逐渐。 |

~衰落/~增长

| 7. | 高涨 | gāozhǎng | 动 | 物价、运动、情绪等急剧上升。 |

热情~/情绪~

| 8. | 呼号 | hūháo | 动 | 大声呼喊。 |

~震天/发出~

| 9. | 奔走 | bēnzǒu | 动 | 急走，跑。为了一定的目的到处活动。 |

~相告/辛苦~

| 10. | 暧昧 | àimèi | 形 | （态度、用意）含糊，不明确。 |

~关系/态度~

| 11. | 冠名 | guànmíng | 动 | 在前面加上某种名称。 |

~活动/~广告

| 12. | 百思不得其解 | bǎi sī bù dé qí jiě | | 多次、反复地思考也无法理解。 |

对方的行为令人~。

13.	尼古丁	nígǔdīng	名	英语nicotine的音译。
		~含量		

| 14. | 有百害而无一利 | yǒu bǎi hài ér wú yí lì | | 有许多坏处，没有一点儿好处。 |
| | | ~的事情，为什么还要做？ | | |

| 15. | 损人利己 | sǔn rén lì jǐ | | 为了自己得到好处而损害别人的利益。 |
| | | 这个故事讽刺的是那种~的人。 | | |

| 16. | 呼吁 | hūyù | 动 | 向个人或社会申述，请求援助或主持公道。 |
| | | ~社会关注/发出~ | | |

| 17. | 嗜烟如命 | shì yān rú mìng | | 形容极其爱好吸烟。 |
| | | ~的人容易患肺癌。 | | |

| 18. | 提神 | tí shén | 离 | 振奋精神。 |
| | | 喝咖啡~/需要~ | | |

| 19. | 解乏 | jiě fá | 离 | 消除疲劳，使体力恢复。 |
| | | ~作用/休息~ | | |

| 20. | 拭目以待 | shì mù yǐ dài | | 擦亮眼睛等待着。形容非常期望看到某件事情的结果。 |
| | | 新一届政府如何解决涨价问题，老百姓~。 | | |

注 释 Notes

1 这种<u>躲猫猫</u>的游戏玩儿的时间长了，连执法部门也没耐心了，懒得再去检查，于是限塑令在菜市场名存实亡

躲猫猫： 一种游戏，玩法是用布条将一人眼睛蒙上后，其余人找地方躲起来，然后蒙上眼睛的人拿下布条，寻找藏起来的人，又叫"捉迷藏"。也用来比喻对不想做的事情采用回避手法，应付。例如：

① 小时候，下了课，我们就在教室里躲猫猫。

② 商贩们和城管部门玩儿起了躲猫猫。

2 同事们都是熟人，谁能<u>拉下脸来</u>不让别人抽烟

拉下脸来： 口语，即不讲情面，或不怕不好意思。相反的意思说"拉不下脸"。例如：

① 别看他平时挺哥们儿的，公事公办的时候还真能拉下脸来！

② 跟人借钱？我拉不下这张脸！

3 在烟盒的包装上，中国的香烟也一直是<u>极尽精美之能事</u>，始终拒绝把"腐烂的肺"等警示性图案印到烟盒上

极尽精美之能事： 意思是想尽办法达到最精美。"极尽……之能事"，用来表示尽最大努力在某方面达到最高程度。例如：

① 你看皇宫里的那些用品，一件件极尽精美之能事。

② 这座别墅的装修极尽豪华之能事。

表达提示 Expression tip

成语、古语的使用与表达的文化内涵

汉语成语有固定的结构形式，多为四字格，富于节奏感，言简意赅。因为成语大都来自古代文献，很多成语保留着古语词、历史词语和古代语法结构，其语体风格具有庄重、典雅的特色，与俗语和惯用语通俗、平易浅白的风格不同。

一些现在还具有强大生命力的汉语古语，如本课中引用的"百思不得其解"、"有百害而无一利"、"极尽精美之能事"等，简洁精炼，具有古雅的色彩。

准确掌握成语、古语的意义和用法，在交际中恰当地使用，可以提高汉语表达的文化水平。

交际任务 Tasks

一 收集不同国家烟盒，从其包装设计、警示语等方面进行分析

二 观察你周围环境中人们吸烟的情况，记录下来，上课时向同学们描述

三 说成语、古语比赛

练 习 **Exercises**

课文理解

一 简要概括本课的话题

二 归纳课文中各方的观点

三 评价你对中国内地发布禁烟令的看法

词语练习

一 词语归类：找出与吸烟及其评价有关的词语

二 根据解释说出对应的词语

1. 多次反复地思考也无法理解——

2. 名义上还存在，实际上已消亡——

3. 毫无阻碍地通行或通过——

4. 在某种事物或产品上命名——

5. 全是害处，没有一点儿好处——

6. 为了自己得到好处而损害别人的利益——

7. 消除疲劳，使体力恢复——

8. 态度、用意不明确——

9. 擦亮眼睛等待着。形容非常期望看到某件事情的结果——

10. 形式上虽有，却不起作用，像没有一样——

三 选词填空

呼吁　　糊弄　　名存实亡　　百思不得其解

提神　　日渐　　拭目以待　　畅行无阻

1. 你看起来很疲惫，要不要喝杯茶(　　　　)？

2. 这场比赛究竟谁会是胜利者？让我们(　　　　)。

3. 那家工厂虽然还没有宣布倒闭，实际上已经(　　　　)了。

4. 我们应该向全社会(　　　　)保护儿童受教育的权利。

5. 物质生活越来越富裕，精神却(　　　　)贫乏。

6. 奇怪的是，平常总是堵车，今天却是（　　　　　）。

7. 你以为我是三岁小孩吗？拿这个来（　　　　　）我！

8. 最近她好像变了一个人似的，令大家（　　　　　）。

成段表达

一　模仿例句，完成句子

1. 许多人举双手赞成，特别是那些饱受二手烟之苦的人，更是恨不得连双脚也举起来表示支持。

　　（1）听说我最喜欢的那支球队要来这里，我恨不得……。

　　（2）在超市里看到我最喜欢吃的奶酪，我恨不得……。

　　（3）……，恨不得……。

2. 有检查了，商贩们就暂时"限"一下；检查走了，照用不误。

　　（1）……，照睡不误。

　　（2）妻子极力劝丈夫戒烟，可他还是……。

　　（3）……，照……不误。

3. 作出决定是一回事儿，真正落实则是另一回事儿。

　　（1）爱一个人是一回事儿，……是另一回事儿。

　　（2）听别人说怎么烤蛋糕是一回事儿，……是另一回事儿。

　　（3）……是一回事儿，……是另一回事儿。

4. 在烟盒的包装上，中国的香烟也一直是极尽精美之能事。

　　（1）……，对穿衣吃饭极尽讲究之能事。

　　（2）……，房间装饰极尽豪华之能事。

　　（3）……，极尽……之能事。

5. 人为什么要抽烟？我一直百思不得其解。

　　（1）他俩那么般配，为什么会分手？……。

（2）……？我一直百思不得其解。

（3）让人百思不得其解的是，……。

6. 我的烟瘾不小，差不多是嗜烟如命。

（1）……，嗜酒如命。

（2）先生一天不看书就会难受，我说他……。

（3）……，嗜……如命。

二 串词成篇：用所给第一个词语作为话题，尽量使用所提供的其他词语编一个小故事

1. 损人利己　　拉下脸来　　照做不误
2. 名存实亡　　拭目以待　　呼吁
3. 形同虚设　　百思不得其解　　暧昧

自由表达

一 各抒己见：吸烟与尊重人的权利

二 禁烟令颁布之后，我观察到的情况……

相关阅读

戒烟笑话

1. 饭后一支

有个人患有心脏病，医生劝他戒烟，并且说，如果不能一下子戒掉，可以先改成每天饭后抽一支。

一个月后，他又去看医生，医生检查后发现他又有了胃病，百思不得其解，问："这是怎么回事儿？"

"可能是因为我为了遵守您饭后一支烟的建议，每天吃饭次数过多而且不规律吧……"

2. 冰棍点不着

有个烟鬼多次决心戒烟，总不见成效。他的朋友说："抽烟害处大，又费钱。不如在想抽烟时买两根奶油冰棍试试。"

他马上接着说："早试过了，怎么也点不着！"

3．自杀方式

丈夫遇到了烦恼的事儿，一个劲儿地抽烟。左手一支，右手一支，轮番地吸，烟盒里已经有近百个烟蒂，而且大部分还在冒烟。

妻子惊呼："天啊！难道你找不到更有效的自杀方式了吗？"

4．点两头

阿福又一次被妻子赶出了家门，只得来到朋友家中。

阿福说："我妻子对我抽烟很不满意，我也多次决定戒烟，可总不见成效。" 他一边说着，一边又掏出一支烟抽了起来，接着，他又诚恳地问："朋友，怎样才能戒掉烟呢？"

朋友听后，说道："我妻子有个很简单的方法，当我拿出烟想抽的时候，她就把香烟的两头都点上火，结果我就戒成了，你可以试试看。"

5．新式烟灰缸

一个女人上法院要求离婚，法官让她申明理由。她说："我丈夫总是躺在床上抽烟，我实在忍受不了！"

"这不算什么大毛病，我认为你应该学习忍耐。"法官说。

"什么？你还叫我学习忍耐？"那个女人大叫起来，"他每次抽烟时都拿我的耳朵当烟灰缸。"

6．按章抽烟

工头看见有人在车间抽烟很生气。

"工作的时候不能抽烟，老李！"

"是的，所以我在抽烟的时候不工作。"

7．严禁烟火

某化学工厂的围墙壁上写着"严禁烟火"四个大字。家明每天到这里来溜达。他的行为引起了工厂警卫的注意。

警卫："你每天在本厂的四周踱来踱去，是否有什么不良的企图？"

家明："哦！绝对没有，我是到这儿来戒烟的。我妻子对我说：'你要么要烟，要么要我，两者选一。'所以我不得不每天到这里来看看、走走，直至戒烟为止。"

8．如在家里

火车上。一个男人在车厢里很有礼貌地问坐在旁边的女士："我抽烟妨碍你吗？"

"不，你就像在家里一样好了。"

他叹了口气，将烟盒重新放回衣袋，说道："还是不能抽。"

9．神奇的笔

有位画家上课时，对学生在画室抽烟无法容忍。

有一次，一个学生在苦思冥想中偷偷摸出一支烟点燃，正好给他看见了。他神情严肃地走过去，用讽刺的口吻问学生："您这支神奇的笔，打算用它来画什么呢？"

学生急中生智道："云，云啊！教授先生。"

10. 偷偷抽烟

"我小时候不得不偷偷摸摸地到处躲着抽烟，唯恐被父母亲发现。"一位已有三个儿子的父亲说，"如今为了不让儿子们看了跟着学，我还得偷偷摸摸地抽烟。"

说一说：1. 从这些关于抽烟的笑话中，可以得出什么结论？

2. 选择一个笑话，把内容熟记下来，讲给朋友们听，然后请朋友也讲一个笑话，记录下来，上课时讲给全班同学听。想一想这样做的收获。

单元测试二（7~12课）

一 根据解释说出对应的词语（20分）

1. 不主动及时行动而失去了好机会——

2. 把过去犯错误的教训拿来作为警戒，避免重犯——

3. 有才学但不被赏识任用——

4. 形容官运亨通或事情办成时的得意心情——

5. 夺取富人的财富，救济穷人——

6. 乐于做善事，喜欢帮助别人——

7. 按照道理应当这样——

8. 吃东西又猛又急的样子——

9. 觉得不可想象或难以理解——

10. 像天和地那样相隔很远，比喻差别很大——

11. 本来是假装的，结果却弄成了真的——

12. 要说的话很多，一时不能说清，指用简单的话表明主要意思——

13. 事情一举手就可以做好，比喻极其简单——

14. 连一件事情都没有做成，形容毫无成就——

15. 心里急得像火烧一样，形容非常焦急——

16. 多次、反复地思考也无法理解——

17. 为了自己得到好处而损害别人的利益——

18. 形式上虽然有，却不起作用——

19. 名义上还存在，实际上已经消亡——

20. 擦亮眼睛等待着。形容非常期望看到某件事情的结果——

二 根据提示，完成句子（15分）

1. A：咱们学校球队进入决赛了吗？

   B：＿＿＿＿＿＿＿＿＿＿＿＿＿＿＿＿＿＿＿＿＿＿。

   （淘汰　　死去活来）

A：教练一直在提醒球员们要加强训练，可他们就是充耳不闻。

B：_____。

（引以为戒）

2. A：有的人吃一顿饭花上万元，有的人买不起一个面包，真不公平！

B：_____。

（悬殊）

A：不过，富翁和富翁也不一样，有人乐善好施，有人为富不仁。

B：_____。

（守财奴　　唾骂）

3. A：你不是说买了周一的机票吗？怎么现在才回来？

B：_____。

（延误　　滞留）

A：是天气原因吗？

B：_____。

（超乎寻常）

4. A：洗衣机又出故障了！是不是买的残次品呀？

B：_____。

（将就　　投诉）

A：别提投诉了，每次他们都会找不同的理由来解释。

B：_____。

（替罪羊）

5. A：教室里明明贴着"请勿吸烟"，怎么还有这么多烟头？

B：_____。

（嗜烟如命　　形同虚设）

A：据爱抽烟的人说，困的时候抽烟真的能提神。

B：_____。

（损人利己）

三 话题讲述（50分）

1. 哪些人在竞争社会中容易被淘汰？请举出2~3种，并讲讲你觉得哪一种是自己需要引以为戒的。

2. 心理学家怎么总结四种情商的不同结局？你赞成"情商比智商更重要"这个说法吗？你怎么评价自己的情商和智商？

3. 请简单介绍巴菲特和比尔·盖茨发起的慈善活动和来中国的计划。中国富豪们对巴、比二人的邀请是什么态度？你怎么评价这件事情？

4. 西方的慈善文化怎么看待财富、富人和社会的关系？中国传统文化怎么看待这个问题？你怎么看待？

5. 请介绍什么是"蓝色地带"，并介绍2~3条养生秘诀。你有什么保持健康的好方法可以跟大家分享？

6. 长寿老人们都有哪些养生秘诀？你最想推荐给家中老人的是哪一条？为什么？

7. 请简单介绍什么是"微博"，并讲讲微博对当今社会的影响，以及自己写微博的经历。

8. 李先生是怎么开始写微博的？他讲的哪个小故事你觉得比较有意思？讲讲你对微博影响力的看法，或者一个与微博有关的故事。

9. 从吴先生讲的三个故事中选择一个复述出来，并说说你对拿电脑当替罪羊现象的看法。

10. 你认为究竟是电脑厉害，还是人脑厉害？请举一个例子或讲一个故事证明你的观点。

11. 请说明禁烟令在中国不容易实施的原因。你觉得抽烟有哪些好处和坏处？

12. 请列举非烟民和烟民的不同观点。你支持哪个方面？理由是什么？

四 回答问题（15分）（从"话题讲述"中抽取问题）

词语总表 Vocabulary

【说明】"等级 1"为该词语在《高等学校外国留学生汉语言专业教学大纲》和《汉语水平词汇与汉字等级大纲》中的对应等级；"等级 2"为该词语在 2010 年出版的《汉语国际教育用音节汉字词汇等级划分》中的对应等级。空白表示该词语未收入上述大纲。

序号	词语	拼音	词性	等级1	等级2	课号
A						
1	爱不释手	ài bú shì shǒu			附	2
2	暧昧	àimèi	形			12
B						
3	八卦	bāguà	名		三	10
4	百思不得其解	bǎi sī bù dé qí jiě				12
5	百折不挠	bǎi zhé bù náo		三、四		3
6	报案	bào àn	离动			2
7	奔走	bēnzǒu	动			12
8	彼岸	bǐ'àn	名			11
9	标新立异	biāo xīn lì yì				6
10	飙升	biāoshēng	动		附	1
11	博文	bówén	名			7
12	不可思议	bù kě sī yì			附	9
C						
13	残次品	cáncìpǐn	名			11
14	长话短说	cháng huà duǎn shuō				10
15	长篇大论	cháng piān dà lùn				5
16	畅所欲言	chàng suǒ yù yán				6
17	畅行无阻	chàng xíng wú zǔ				12
18	超乎寻常	chāo hū xúncháng				10
19	趁火打劫	chèn huǒ dǎ jié				2
20	瞠目	chēngmù	动			8
21	驰骋	chíchěng	动			6
22	迟钝	chídùn	形			7
23	持之以恒	chí zhī yǐ héng			附	4

24	充耳不闻	chōng ěr bù wén				7
25	筹码	chóumǎ	名		三附三	4
26	揣测	chuǎicè	动			3
27	传奇	chuánqí	名			2
28	传阅	chuányuè	动			7
29	串联	chuànlián	动			10
30	创意	chuàngyì	名		二	6
31	春风得意	chūnfēng déyì				7
32	纯利	chúnlì	名			3
		D				
33	大动干戈	dà dòng gāngē				7
34	大势所趋	dà shì suǒ qū				7
35	呆板	dāibǎn	形			5
36	胆固醇	dǎngùchún	名			9
37	得心应手	dé xīn yìng shǒu				5
38	登场	dēng chǎng	离			10
39	低调	dīdiào	形		三	8
40	嘀咕	dígu	动			3
41	底牌	dǐpái	名			4
42	点子	diǎnzi	名	三、四	三	6
43	顶尖	dǐngjiān	形		三	4
44	动辄	dòngzhé	副			7
45	兜转轮回	dōu zhuǎn lúnhuí				4
46	杜撰	dùzhuàn	动			11
		E				
47	恶劣	èliè	形	二	三	11
		F				
48	法庭	fǎtíng	名	二	二	11
49	反复无常	fǎnfù wú cháng				7
50	犯戒	fàn jiè	离			7
51	纺锤	fǎngchuí	名			8
52	费尽周折	fèi jìn zhōuzhé				2
53	分享	fēnxiǎng	动		二	6
54	风传	fēngchuán	动			3

55	风土人情	fēngtǔ rénqíng				3
		G				
56	高调	gāodiào	形		三	8
57	高涨	gāozhǎng	动	三、四	三	12
58	隔阂	géhé	名		附	7
59	跟风	gēnfēng	动			1
60	公式化	gōngshìhuà	动			5
61	公信力	gōngxìnlì	名			8
62	古董	gǔdǒng	名		附	2
63	故障	gùzhàng	名	三、四	二	11
64	顾忌	gùjì	动			6
65	冠名	guànmíng	动			12
66	光圈	guāngquān	名			5
		H				
67	号啕	háotáo	动			2
68	核实	héshí	动		三	10
69	厚积薄发	hòu jī bó fā				4
70	呼号	hūháo	动			12
71	呼吁	hūyù	动	二	三	12
72	胡思乱想	hú sī luàn xiǎng		二	附	6
73	糊弄	hùnong	动			12
74	怀才不遇	huái cái bú yù				7
75	荒诞	huāngdàn	形	三、四	附	4
76	恍然大悟	huǎngrán dà wù		三、四	附	3
77	挥霍	huīhuò	动	三、四		4
78	讳言	huìyán	动			11
79	货比三家	huò bǐ sān jiā				1
80	货真价实	huò zhēn jià shí				1
		J				
81	鸡毛蒜皮	jī máo suàn pí		二		7
82	极致	jízhì	名			10
83	家破人亡	jiā pò rén wáng				2
84	间歇	jiànxiē	动			5
85	见缝插针	jiàn fèng chā zhēn				2

86	将就	jiāngjiu	动	三、四		11
87	交锋	jiāo fēng	离		附	2
88	交头接耳	jiāo tóu jiē ěr			附	3
89	街谈巷议	jiē tán xiàng yì				8
90	劫富济贫	jié fù jì pín				8
91	解乏	jiě fá	离			12
92	介质	jièzhì	名			4
93	借鉴	jièjiàn	动	二	二	6
94	精湛	jīngzhàn	形			3
95	竞价	jìng jià	离			3
96	竞相	jìngxiāng	副		附	10
97	拘泥	jūnì	动			6
		K				
98	靠谱儿	kào pǔr	形			1
99	可气	kěqì	形			2
100	课税	kè shuì				8
101	空中楼阁	kōng zhōng lóu gé				4
102	口碑	kǒubēi	名		三	1
103	口吻	kǒuwěn	名			10
104	枯燥	kūzào	形	三、四	三	5
105	快门	kuàimén	名			5
		L				
106	狼吞虎咽	láng tūn hǔ yàn				9
107	浪迹天涯	làng jì tiānyá				3
108	乐善好施	lè shàn hào shī				8
109	冷场	lěng chǎng	离			3
110	冷眼旁观	lěng yǎn páng guān				8
111	离谱儿	lí pǔr	形		附	1
112	理所当然	lǐ suǒ dāng rán		三、四	附	8
113	立马	lìmǎ	副			2
114	良莠不齐	liáng yǒu bù qí				1
115	拎	līn	动		三	1
116	灵长类	língzhǎnglèi	名			11
117	零零碎碎	líng líng suì suì				5

118	领班	lǐngbān	名			11
119	碌碌无为	lùlù wú wéi				7
120	露宿	lùsù	动			4
121	落伍	luò wǔ	离			1
		M				
122	冒名顶替	mào míng dǐng tì				10
123	秘籍	mìjí	名			8
124	免疫系统	miǎnyì xìtǒng				9
125	妙不可言	miào bù kě yán				2
126	名垂青史	míng chuí qīngshǐ				3
127	名存实亡	míng cún shí wáng				12
128	名利双收	mínglì shuāng shōu				2
129	冥想	míngxiǎng	动			9
		N				
130	囊	náng	名			2
131	尼古丁	nígǔdīng	名			12
132	年迈	niánmài	形		附	9
133	黏合剂	niánhéjì	名			10
134	牛	niú	形		二	2
135	弄假成真	nòng jiǎ chéng zhēn				10
		P				
136	拍卖	pāimài	动	三、四		3
137	徘徊	páihuái	动	二	附	7
138	泡	pào	动	二	二	1
139	捧场	pěng chǎng	离		三	1
		Q				
140	起拍	qǐpāi	动			3
141	起早贪黑	qǐ zǎo tān hēi				7
142	千篇一律	qiān piān yí lù				4
143	切忌	qièjì	动			6
144	轻而易举	qīng ér yì jǔ			附	10
145	情商	qíngshāng	名			7
146	确凿	quèzáo	形	三、四	附	11

		R				
147	人手一个	rén shǒu yí gè				5
148	日渐	rìjiàn	副			12
149	若干	ruògān	代		三	7
150	若隐若现	ruò yǐn ruò xiàn				3
151	弱项	ruòxiàng	名			7
		S				
152	色彩纷呈	sècǎi fēn chéng				4
153	善款	shànkuǎn	名			8
154	社团	shètuán	名		三	9
155	深恶痛绝	shēn wù tòng jué				2
156	神秘莫测	shénmì mò cè				3
157	审美	shěnměi	动		三	5
158	省心	shěng xīn	离	二		1
159	时兴	shíxīng	动	三、四		1
160	识货	shí huò	形			2
161	视而不见	shì ér bú jiàn				7
162	视角	shìjiǎo	名		三	4
163	视野	shìyě	名	三、四	三	5
164	拭目以待	shì mù yǐ dài				12
165	嗜	shì	动			2
166	嗜烟如命	shì yān rú mìng				12
167	守财奴	shǒucáinú	名			8
168	受益匪浅	shòu yì fěi qiǎn				6
169	疏松	shūsōng	形			9
170	属性	shǔxìng	名		三	5
171	鼠目寸光	shǔ mù cùn guāng				7
172	术语	shùyǔ	名			9
173	耍态度	shuǎ tàidu				11
174	死去活来	sǐ qù huó lái				7
175	四海为家	sì hǎi wéi jiā				4
176	随波逐流	suí bō zhú liú				3
177	损人利己	sǔn rén lì jǐ		三、四	附	12
		T				
178	提神	tí shén	离			12

179	天经地义	tiān jīng dì yì			附	8
180	天壤之别	tiān rǎng zhī bié				10
181	条条框框	tiáotiáo kuàngkuàng				6
182	同道中人	tóng dào zhōng rén				5
183	投诉	tóusù	动	三、四	二	11
184	驼背	tuó bèi	离 动			7
185	唾骂	tuòmà	动			8
W						
186	望洋兴叹	wàngyáng xīng tàn				3
187	为富不仁	wéi fù bù rén				8
188	味蕾	wèilěi	名			9
189	文献	wénxiàn	名	三、四	三	2
190	紊乱	wěnluàn	形		附	6
191	无与伦比	wú yǔ lún bǐ				4
X						
192	稀罕	xīhan	形		附	5
193	席地而坐	xí dì ér zuò				1
194	喜新厌旧	xǐ xīn yàn jiù		三、四		4
195	细嚼慢咽	xì jiáo màn yàn				9
196	侠盗	xiádào	名			8
197	下单	xiàdān	动			1
198	显著	xiǎnzhù	形	一/2	二	5
199	险象环生	xiǎnxiàng huán shēng				3
200	心急火燎	xīn jí huǒ liǎo				11
201	信仰	xìnyǎng	动	二	二	4
202	形同虚设	xíng tóng xū shè				12
203	醒目	xǐngmù	形		三	6
204	悻悻	xìngxìng	形			3
205	修炼	xiūliàn	动			9
206	虚荣心	xūróngxīn	名			4
207	玄	xuán	形		三	2
208	悬殊	xuánshū	形		三	8
209	雪中送炭	xuě zhōng sòng tàn				2
Y						
210	哑铃	yǎlíng	名			8

211	压根儿	yàgēnr	副			1
212	延迟	yánchí	动			6
213	延误	yánwù	动		三	10
214	遥不可及	yáo bù kě jí				4
215	要素	yàosù	名		二	5
216	夜不能寐	yè bù néng mèi				2
217	依赖	yīlài	动	三、四	二	11
218	一面之缘	yí miàn zhī yuán				10
219	一事无成	yí shì wú chéng				7
220	遗物	yíwù	名		附	3
221	一塌糊涂	yìtāhútú			三	2
222	一知半解	yì zhī bàn jiě				5
223	逸闻	yìwén	名			10
224	意气相投	yì qì xiāng tóu				10
225	引以为戒	yǐn yǐ wéi jiè				7
226	硬朗	yìnglang	形		附	9
227	游说	yóushuì	动			8
228	有百害而无一利	yǒu bǎi hài ér wú yí lì				12
229	瑜伽	yújiā	名			9
230	元素	yuánsù	名		二	5
231	乐盲	yuèmáng	名			5
232	悦目	yuèmù	形			5
233	跃跃欲试	yuèyuè yù shì				3
234	匀称	yúnchèn	形			5
		Z				
235	躁动	zàodòng	动			5
236	宅	zhái	动			1
237	张扬	zhāngyáng	动		三	6
238	招儿	zhāor	名			6
239	招兵买马	zhāo bīng mǎi mǎ				6
240	照用不误	zhào yòng bú wù				12
241	折腾	zhēteng	动	三、四	三	1
242	证人	zhèngrén	名		三	11
243	直言不讳	zhí yán bú huì				3

244	志在必得	zhì zài bì dé				3
245	智商	zhìshāng	名	三、四	三	7
246	滞留	zhìliú	动		三	10
247	诸位	zhūwèi	代	三、四	二	3
248	追捧	zhuīpěng	动			4
249	自由基	zìyóujī	名			9
250	足不出户	zú bù chū hù				1
251	遵循	zūnxún	动	二	三	6
252	作秀	zuò xiù	离			8
253	坐失良机	zuò shī liáng jī				7

专有名词 Proper Nouns

序号	词语	拼音	课号
		H	
1	黄金分割	Huángjīn Fēngē	5
		S	
2	三分法	Sānfēn Fǎ	5
3	数码单反	Shùmǎ Dānfǎn	5
		Y	
4	秧田式	Yāngtián Shì	6
		Z	
5	宅急送	Zháijísòng	1

部分练习参考答案

第1课·词语练习

二
1. 足不出户/宅/大门不出，二门不迈
2. 货比三家
3. 货真价实
4. 靠谱儿
5. 折腾
6. 发小儿
7. 口碑
8. 离谱儿
9. 良莠不齐
10. 席地而坐

三
1. 足不出户
2. 流行
3. 沉重
4. 很多
5. 不用
6. 不少
7. 东西
8. 以前

第2课·词语练习

二
1. 名利双收
2. 见缝插针
3. 深恶痛绝
4. 雪中送炭
5. 趁火打劫
6. 爱不释手
7. 号啕大哭
8. 家破人亡
9. 找不着北
10. 妙不可言

三
1. 琢磨
2. 死活
3. 自个儿
4. 多了去了
5. 立马
6. 乡下
7. 把儿
8. 特可气
9. 牛
10. 攒

四	1. 识货　爱不释手	4. 深恶痛绝
	2. 雪中送炭	5. 趁火打劫
	3. 家破人亡　号啕大哭	6. 名利双收

第3课·词语练习

三	1. 险象环生	6. 跃跃欲试
	2. 直言不讳	7. 交头接耳
	3. 望洋兴叹	8. 百折不挠
	4. 随波逐流	9. 若隐若现
	5. 恍然大悟	10. 神秘莫测

四	1. 生涯	4. 铁了心
	2. 诸位	5. 揣测
	3. 嘀咕	

第4课·词语练习

二	1. 背包客	6. 空中楼阁
	2. 千篇一律	7. 无与伦比
	3. 遥不可及	8. 持之以恒
	4. 底牌	9. 喜新厌旧
	5. 筹码	10. 四海为家

三	1. 无与伦比	4. 喜新厌旧
	2. 空中楼阁	5. 持之以恒
	3. 四海为家	

第5课·词语练习

二 　1. 长篇大论　　　　6. 一知半解
　2. 人手一个　　　　7. 同道中人
　3. 得心应手　　　　8. 零零碎碎
　4. 公式化　　　　　9. 枯燥
　5. 乐盲　　　　　　10. 稀罕

三 　（一）1. 视野　　　（三）1. 枯燥
　　　　2. 视觉　　　　　　2. 干燥
　　　　3. 视线　　　　　　3. 烦躁
　　（二）1. 衡量　　　（四）1. 庸俗
　　　　2. 均衡　　　　　　2. 习俗
　　　　3. 平衡　　　　　　3. 通俗

第6课·词语练习

二 　1. 胡思乱想　　　　6. 招兵买马
　2. 畅所欲言　　　　7. 条条框框
　3. 受益匪浅　　　　8. 创意
　4. 标新立异　　　　9. 借鉴
　5. 醒目　　　　　　10. 驰骋

三 　（一）1. 点子　　　（二）1. 动乱
　　　　2. 招儿　　　　　　2. 紊乱
　　　　3. 主意　　　　　　3. 胡乱
　　　　4. 创意　　　　　　4. 杂乱

单元测试一（1~6课）

一

1. 良莠不齐
2. 货比三家
3. 货真价实
4. 足不出户/宅/大门不出，二门不迈
5. 爱不释手
6. 趁火打劫
7. 妙不可言
8. 名利双收
9. 见缝插针
10. 恍然大悟
11. 险象环生
12. 喜新厌旧
13. 无与伦比
14. 持之以恒
15. 得心应手
16. 一知半解
17. 畅所欲言
18. 标新立异
19. 胡思乱想
20. 受益匪浅

第7课·词语练习

二

1. 鸡毛蒜皮
2. 坐失良机
3. 怀才不遇
4. 反复无常
5. 碌碌无为
6. 大势所趋
7. 视而不见
8. 鼠目寸光
9. 引以为戒
10. 潜力股

三

1. 坐失良机
2. 碌碌无为
3. 春风得意
4. 淘汰
5. 迟钝
6. 大势所趋

四

（一）1. 变脸
2. 翻脸
3. 没脸

（二）1. 迟到
2. 迟缓
3. 迟钝

第8课·词语练习

二　　1.冷眼旁观　　　　　6.为富不仁

2.守财奴　　　　　　7.天经地义

3.乐善好施　　　　　8.游说

4.劫富济贫　　　　　9.理所当然

5.作秀　　　　　　　10.悬殊

三　　1.街谈巷议　　　　　4.游说

2.悬殊　　　　　　　5.作秀

3.低调　　　　　　　6.乐善好施

第9课·词语练习

二　　1.不可思议　　　　　4.硬朗

2.狼吞虎咽　　　　　5.疏松

3.细嚼慢咽

三　　1.狼吞虎咽　　　　　3.硬朗

2.术语　　　　　　　4.不可思议

四　　（一）1.硬朗　　　　　3.岁数

2.健康　　　　　4.芳龄

3.结实　　　（三）1.友善

（二）1.年龄　　　　　2.善良

2.高寿　　　　　3.善事

第10课·词语练习

二　　1.冒名顶替　　　　　5.天壤之别

2.弄假成真　　　　　6.长话短说

3.超乎寻常　　　　　7.一面之缘

4.轻而易举　　　　　8.意气相投

三　1. 延误　　　　　　　　　6. 粉丝

2. 山寨版　　　　　　　　7. 一面之缘

3. 意气相投　　　　　　　8. 轻而易举

4. 核实　　　　　　　　　9. 八卦

5. 超乎寻常　　　　　　　10. 竞相

四　（一）1. 微薄　　　　　　　　2. 合时

　　　　2. 微博　　　　（四）1. 合十

　　（二）1. 微波　　　　　　　　2. 核实

　　　　2. 围脖　　　　（五）1. 切忌

　　（三）1. 何时　　　　　　　　2. 切记

第11课·词语练习

一　1. 要态度　　　　　　　　5. 心急火燎

2. 将就　　　　　　　　　6. 故障

3. 依赖　　　　　　　　　7. 残次品

4. 替罪羊　　　　　　　　8. 投诉

二　1. 一事无成　　　　　　　5. 将就

2. 恶劣　　　　　　　　　6. 投诉

3. 心急火燎　　　　　　　7. 受制于

4. 故障　　　　　　　　　8. 确凿

第12课·词语练习

二　1. 百思不得其解　　　　　6. 损人利己

2. 名存实亡　　　　　　　7. 解乏

3. 畅行无阻　　　　　　　8. 暧昧

4. 冠名　　　　　　　　　9. 拭目以待

5. 有百害而无一利　　　　10. 形同虚设

199

三
1. 提神
2. 拭目以待
3. 名存实亡
4. 呼吁
5. 日渐
6. 畅行无阻
7. 糊弄
8. 百思不得其解

单元测试二（7~12课）

一
1. 坐失良机
2. 引以为戒
3. 怀才不遇
4. 春风得意
5. 劫富济贫
6. 乐善好施
7. 理所当然
8. 狼吞虎咽
9. 不可思议
10. 天壤之别
11. 弄假成真
12. 长话短说
13. 轻而易举
14. 一事无成
15. 心急火燎
16. 百思不得其解
17. 损人利己
18. 形同虚设
19. 名存实亡
20. 拭目以待